Alain Sotto

Que se passe-t-il dans la tête de votre enfant ?

Ixelles éditions

Retrouvez l'auteur sur : www.cancres.com

À Varinia, à Pauline.

Illustrations pages 107 et 109, et en annexe : Bertrand Faupin

Ouvrage réalisé sous la direction de Sophie Descours

ISBN 978-2-87515-122-3
D/2011/11.948/123
Dépôt légal : 3e trimestre 2011

Ixelles Publishing SA
Avenue Molière, 263
B-1050 Bruxelles

E-mail : contact@ixelles-editions.com
Site Internet : www.ixelles-editions.com

Préface

Découvrir que l'on peut observer, à l'intérieur de soi, les images et les sons qui constituent les éléments de la pensée fut une véritable révélation pour moi. Mes nombreux échecs à l'école avaient forgé une certitude inébranlable : j'étais un mauvais élève, qui avait du mal à comprendre et qui de plus était agité. On dirait aujourd'hui un « hyperactif avec déficit attentionnel ».

Personne ne m'avait dit que l'émotion, la peur permanente de l'échec bloquaient ma pensée et m'empêchaient, par là même, de restituer ce que j'avais mémorisé grâce à un méchant par cœur. Personne n'avait mis en évidence mes qualités quand il m'arrivait de réussir, ce qui m'aurait permis de découvrir qu'un scénario de réussite fonctionnait quelque part dans ma tête et que je pouvais le transférer dans les domaines où j'étais en échec.

Fuir cette souffrance et cette inefficacité quotidiennes avait développé en moi, par compensation, une grande imagination : j'utilisais mon temps à observer et à transformer ce qui se passait autour de moi pour en extraire de l'insolite, de l'étrange ou du comique, et en faire profiter mes camarades de classe au grand désespoir de mes professeurs. Évidemment, les punitions pleuvaient.

Le déclic se fit plus tard, au secondaire, quand un professeur me montra comment investir cette créativité et cette curiosité dans un travail construit qui répondait aux attentes scolaires. Une petite fenêtre s'ouvrit enfin et le fait de vivre quelques réussites, de les mémoriser, déclencha une motivation qui se maintint pendant toutes mes études.

Aujourd'hui, quand je reçois un enfant qui se croit nul ou catalogué comme cancre, je ne commence jamais l'entretien en évoquant ses difficultés. Qu'il soit fâché avec l'orthographe ou que les maths le terrifient ne me donne aucune information exploitable pour le tirer d'affaire. J'essaye plutôt de mettre en évidence comment ça marche quand ça marche bien. J'analyse l'activité qui lui donne du plaisir, qui l'amène à la réussite, je cherche la place de son affectivité et de sa motivation.

Même la pratique d'un jeu vidéo est l'occasion de lui faire prendre conscience qu'il sait être attentif et que sa réflexion associée à son imagination l'aident à résoudre les difficultés, à trouver des stratégies opérantes. Or c'est le même cerveau, avec ces mêmes qualités, qu'il doit mobiliser pour réussir en classe.

Au fil d'années d'entretiens et de séances de travail, d'interventions au sein des écoles, j'ai constitué une « boîte à outils » pour permettre aux enfants venus consulter, et aux adultes, d'interroger leur **cerveau conscient**.

Qu'il s'agisse de l'**attention**, de la **mémorisation**, de la **réflexion** ou encore de l'**imagination**, nul ne peut ignorer aujourd'hui les mécanismes qui permettent de mobiliser ces facultés essentielles pour tout apprentissage. C'est en observant « ce qui se passe dans sa tête » que chaque enfant (avec l'aide de ses parents) peut découvrir la forme de sa pensée, apprendre à la diriger avec succès en fonction des tâches à accomplir.

L'école et la société sollicitent et hypertrophient le cerveau logique, laissant en friche le cerveau de l'imagination, de la pensée intuitive et de l'innovation.

Pourtant, l'imagination est une compétence essentielle à l'intelligence. Elle peut aujourd'hui se décrire, donc s'enseigner. Il suffit de voir le foisonnement des travaux présentés sur Internet par des enseignants ou des chercheurs innovants qui refusent de baisser les bras. **L'imagination peut aider à contourner les blocages** des enfants ayant emmagasiné une trop forte mémoire de l'échec. Elle est une aide à la logique.

L'imagination rend la pensée mobile et met en images la réalité afin d'anticiper l'avenir. Grâce à elle, on peut simuler des scénarios alternatifs et choisir le plus adapté à la situation.

Le jeune adulte va devoir inventer de nouvelles activités, de nouvelles professions, dans un monde où les métiers traditionnels disparaissent ; comment y parviendra-t-il s'il se trouve démuni face à l'inconnu, privé des ressources nécessaires à les imaginer ? C'est donc dès le plus jeune âge, et tout le long de sa scolarité, que ses parents peuvent l'aider à développer cette intelligence qu'est l'imagination, intelligence sans laquelle il est un être incomplet.

« L'homme devient homme en s'instituant comme être d'imagination ; là résident sa spécificité et le caractère illimité de son aventure[1] ».

1 Alain Pessin, sociologue, professeur à l'université des Sciences humaines de Grenoble.

Ce livre, nourri d'exemples concrets et livrant les exercices et mises en situation qui ont permis mon exploration et mon action, est destiné aux parents attentifs au développement harmonieux de leur enfant. À ces parents qui croient que progresser est toujours possible et que les moyens d'y parvenir sont chaque jour à conquérir.

Alain Sotto

1

Le cerveau de l'enfant, un univers en construction

La naissance de la mémoire émotionnelle

Assis à sa table, un enfant travaille. Il est plongé dans un exercice de grammaire ou un problème de maths. Il réfléchit. Peu après, il joue aux échecs, ouvre son ordinateur ou se met au piano. Il dessine puis, observant le mouvement de la lune, s'interroge sur la complexité de l'univers.

À travers ces diverses activités, l'enfant construit un savoir, le sien, il enrichit son intelligence. Mais sait-il que le cerveau, son outil d'apprentissage, est au moins aussi complexe que l'univers qu'il regarde, fasciné ?

Un big-bang neuronal permanent

Un capital de plus de cent milliards de neurones avec une possibilité de connexions pratiquement illimitée, des cellules gliales si nombreuses qu'on ne sait pas les compter et dont on ignore encore le rôle précis dans la circulation de l'information, hormis celui d'assurer nourriture et protection aux neurones. Un influx nerveux qui se répand à la vitesse de cent mètres par seconde. À chaque seconde, des mises à feu en réseau de millions de neurones qui, une fois leur mission accomplie, sont mobilisés dans d'autres réseaux pour assumer de nouvelles fonctions. Voilà quelques éléments de ce qui est aujourd'hui le nouvel eldorado de la connaissance : la formation de l'esprit, de la conscience et de ce qui se met en place dans l'apprentissage et la transmission du savoir.

Devant la profusion des recherches sur le cerveau, il est utile de faire régulièrement un point critique afin d'éviter que perdurent de fausses croyances.

Ainsi, l'idée largement répandue que « tout se joue avant six ans ». Voilà une affirmation qui, ayant sévi pendant des décennies, est encore partagée par de nombreux parents. Cette croyance fait une véritable obligation de développer dans les premières années toutes les potentialités de l'enfant, après quoi il serait trop tard, les structures cérébrales ayant achevé leur développement *(Voir encadré sur les « neuromythes »).*

Mais la découverte de la **plasticité cérébrale** est venue bousculer cette idée reçue. Le cerveau n'est pas une structure figée une fois pour toutes. En fonction des expériences vécues, donc de la sollicitation d'un circuit de neurones ou d'un autre, des compétences prennent forme. La connexion en continu entre les neurones assure la construction de ces nouvelles compétences.

Ces connexions renouvelées se font tout au long de la vie. Bien sûr, il y a des périodes favorables, des « fenêtres d'opportunités » disent les neuroscientifiques, c'est-à-dire des périodes optimales pour placer des individus en face d'un apprentissage. Mais le cerveau possède une telle puissance et une telle souplesse qu'il est possible de rattraper ou de compléter une acquisition intellectuelle et un savoir-faire jusque tard dans la vie.

Attention aux neuromythes

Les neuromythes – d'après la définition qu'en donne le dernier rapport de l'OCDE sur Cerveau et Apprentissage[1] – désignent les découvertes mal interprétées des neurosciences ou celles dont les résultats sont utilisés pour confirmer des croyances populaires ou simplificatrices. On se souvient de la fameuse bosse des maths de l'anatomiste F.J. Gall (1758-1828) qui pouvait également, grâce à sa « science », débusquer un futur criminel en palpant simplement son crâne à la recherche de déformations significatives.

Plus récemment, le « sens » de l'orientation (encore un neuromythe) serait déficient chez la femme qui n'aurait pas la bonne structure cérébrale pour lire les cartes et, ainsi, s'orienter. Alors que si on décrit mentalement l'espace et que l'on voit défiler de façon ordonnée les images de son environnement, en se donnant des repères, on n'a aucun problème d'orientation. Il suffit d'utiliser une bonne procédure. Que l'on soit un homme ou une femme.

De la même façon, on dit souvent qu'un enfant est mal latéralisé sans avoir vérifié qu'il s'est parlé, donc qu'il a intégré ce que sont la gauche et la droite.

Parmi les neuromythes actuels, les différences de poids entre le cerveau masculin (plus lourd) et le cerveau féminin ; or on sait que le poids n'a aucune incidence sur la qualité des connexions entre neurones. Autre neuromythe concernant la femme : une meilleure répartition des millions de fibres reliant les deux hémisphères lui assurerait un meilleur équilibre et permettrait un harmonieux dialogue inter-hémisphérique. ➡

1 « Comprendre le cerveau », OCDE, 2007.

Attention aux neuromythes (suite)

➡ Il y a aussi les « auditifs » et les « visuels » qui auraient deux façons différentes de traduire mentalement leurs perceptions, alors qu'il s'agit d'habitudes de fonctionnement et que les enfants ont tout intérêt à être entraînés dans la pratique de ces deux codages.

En ce qui concerne les « cerveaux droits » et les « cerveaux gauches », la spécialisation hémisphérique (le gauche contrôlant la partie droite du corps et le droit l'autre partie) a tendance à être généralisée à tout le comportement intellectuel, voire au caractère et à la personnalité. Ainsi sont nés les profils : l'intuitif opposé au rationnel, celui qui globalise et synthétise opposé à celui qui analyse et découpe en sous-ensembles, etc. Les neuroscientifiques sont loin d'être d'accord avec cette catégorisation du cerveau. Cependant, comme l'écrit le rapport de l'OCDE, elle présente un « bienfait collatéral » puisque certains mouvements éducatifs en ont profité pour enrichir les propositions pédagogiques offertes aux enfants : moins de mots, plus d'images et d'illustrations, plus d'imagination, au fond !

Ainsi a-t-on appris récemment que les lobes frontaux achèvent leur maturation vers la trentaine. Laissons l'enfant se construire dans la durée et gardons-nous de la folie hyperéducative qui rend certains parents angoissés à l'idée qu'il puisse rater le grand rendez-vous de la compétition générationnelle !

Certes, il ne faut pas minimiser l'importance des premières années dans la construction des intelligences et de la personnalité. Le nourrisson à qui l'on offre l'affectivité nécessaire, qui est stimulé tout simplement, tout naturellement et sans excès découvre le monde, se découvre œuvrant dans le monde, il en éprouve du plaisir, une saine excitation qui le pousse vers d'autres découvertes, d'autres apprentissages.

L'enfant qui en est privé en souffrira longtemps, même si rien n'est joué, jamais, quel que soit l'âge. Le cerveau possède des ressources encore inexplorées. C'est la connaissance de notre cerveau qui doit probablement avoisiner les 10 %, non son utilisation qui peut se maintenir, sauf accident vasculaire ou lésion, à 100 %.

L'étude des chauffeurs de taxi londoniens est un bon exemple de la plasticité du cerveau. Les nombreuses images obtenues par IRM montrent que leurs zones cérébrales représentant l'organisation de l'espace sont nettement plus développées que celles d'autres professionnels, et cela en raison de la connaissance nécessaire à l'obtention de leur licence. Ils doivent maîtriser le plan de milliers de rues et de places. Londres étant une ville fort étendue, on imagine le temps et le travail nécessaires pour réussir cet examen. L'IRM établit que plus le chauffeur a de l'expérience, plus la zone qui gère l'espace et l'orientation est épaisse. S'il interrompt son activité de chauffeur, les chaînes neuronales impliquées peuvent se remanier et se rendre disponibles pour un autre apprentissage.

Le cerveau est d'une souplesse remarquable, capable de compenser de nombreux déficits ou des handicaps, capable aussi de s'adapter au changement et de faire face à l'inédit, de se renouveler en permanence. Pour les milliards de neurones et leurs connexions infinies, toutes les architectures, toutes les transformations sont possibles.

Bébé est une personne...

Et l'intérêt que les chercheurs lui portent aujourd'hui est justifié car les connaissances sur ses incroyables potentialités se sont profondément renouvelées. En reprenant les expériences de Jean Piaget, mais avec de nouveaux outils d'investigation, on s'est aperçu que, dès six mois, le bébé a des compétences qu'on ne lui soupçonnait pas ou que l'on ne pensait pas trouver aussi précocement chez lui.

Vrai / faux sur le cerveau des bébés

1) Les bébés ont besoin de stimulations particulières, par exemple des jouets conçus pour développer la puissance de leur cerveau.

En réalité : Les bébés ont surtout besoin de soins attentifs, de la présence douce des adultes. Nul besoin de jouets coûteux car tout objet les intéresse et peut faire l'objet d'une manipulation et d'une exploration.

2) Le développement du cerveau est entièrement conditionné par les gènes parentaux.

En réalité : Les premiers contacts avec le monde, les expériences précoces, le vécu et le ressenti enregistrés par le cerveau ont beaucoup plus d'importance. Mais ces expériences, si elles participent à la construction de l'univers mental de l'enfant, ne vont pas déterminer la totalité du développement.

3) Le cerveau d'un nourrisson est moins actif que celui d'un collégien ou d'un étudiant.

En réalité : Le cerveau d'un enfant de trois ans est deux fois plus actif que celui d'un jeune adulte.

4) Parler à un bébé n'a aucun sens car il ne peut comprendre ce qu'on lui dit.

En réalité : Le bain de langage, indispensable à l'apprentissage de la langue, commence très tôt. Si, en journée, on confie un bébé à quelqu'un qui parle le coréen, il aura bientôt enregistré les sonorités, les tonalités et les structures de la langue.

À six mois, on observe non seulement le début d'un véritable feu d'artifice d'activités mais également l'apparition d'une logique surprenante. Le bébé montre de l'étonnement quand un objet disparaît sans cause apparente ou est placé dans une situation inattendue. C'est le cas d'une balle qui roule sur le plan d'une table mais qui, parvenue au bout, se retrouve subitement en l'air au lieu de tomber. Aurait-il déjà intégré la loi de la gravitation universelle ?

Avant neuf mois, il est capable de détecter une erreur dans une saynette jouée par des peluches. Sa réponse cérébrale, enregistrée par des électrodes, est identique à celle enregistrée chez des adultes qui remarquent une situation erronée.

Les études réalisées avec les nombres montrent également que, très tôt, l'enfant sait faire des catégories, des classements, sans confondre les quantités quand on dispose des objets de manière à tromper visuellement son jugement. **Dès quatre mois, il sait additionner 1 + 1 et réaliser la soustraction 2 – 1**. On montre à des bébés un petit théâtre où apparaissent des marionnettes de Mickey. On leur présente un événement possible (1 Mickey + 1 Mickey = 2 Mickey) et on leur présente, grâce à des trucages, des événements impossibles (1 Mickey + 1 Mickey = 1 Mickey) et (1 Mickey + 1 Mickey = 3 Mickey). Les bébés regardent la scène plus longtemps quand l'événement est impossible. Ils ont mémorisé le nombre exact d'objets attendus et en ont déduit un résultat : ils sont donc surpris par ce qui leur est montré. On est au début du raisonnement cognitif, le premier « âge de raison ».

Bébé est un intellectuel précoce

Il est fini le temps où on disait que le nourrisson, à la naissance, regarde dans le vide et que son sourire est un réflexe musculaire. C'était sans compter sur les expériences astucieuses des chercheurs en psychologie du développement, comme Alyson Gopnik, Andrew Meltzoff, Patricia Kuhl ou Louis J. Harris. Qu'il s'agisse de reconnaître le visage de la mère, de comprendre la différence entre un visage gai ou triste, bébé est un expert précoce. Si on relie des tétines à des cassettes audio, on se rend compte que bébé actionne plus souvent la tétine qui déclenche la voix enregistrée de sa mère que les autres, reliées à des voix étrangères. Au bout de trois jours, bébé reconnaît le visage, la voix, l'odeur de sa mère. Malgré la grande myopie du nourrisson, celui-ci a néanmoins une vision très nette à 30 cm, ce qui correspond à la distance habituelle entre lui et la personne qui le porte. L'imitation, fréquente à l'âge d'un mois, est tout aussi précoce : on a enregistré une forme de mimétisme chez des nourrissons de quelques heures ! C'est un véritable synchronisme qui s'établit entre les gestes maternels et ceux du nouveau-né. Il n'est qu'à écouter les témoignages des mères relatant ce lien fusionnel et charnel qui crée une communication inédite avec leur enfant tout juste sorti de leur ventre.

Les débuts de la pensée

Qui n'a pas remarqué l'incessante activité du bébé ainsi que l'énergie et la concentration qu'il est capable de mobiliser dans ses gestes et lors de ses manipulations ? Il porte avidement à la bouche ce qui passe à proximité de ses mains avant de le jeter au loin et d'observer l'adulte le ramasser et le remettre à sa disposition, dans un incessant ballet qui épuise moins le petit que le grand. Il est d'ailleurs intéressant de remarquer que le bébé, au moment où il jette l'objet, cligne des yeux dans l'attente du bruit que celui-ci fera en touchant le sol. Ainsi, dans cette brève séquence temporelle entre une action et son effet, le bébé, âgé de six mois à peine, possède déjà un appareillage psychique qui lui permet d'anticiper le résultat de son action et de chercher à le reproduire.

À un an, le petit est sensible à tous les signes qu'il lit sur le visage de sa mère quand, par exemple, il se trouve face à un objet nouveau.

Il cherche alors à décoder ce qu'elle peut en penser. Si sa mère a une attitude de rejet, il ne s'approche pas de l'objet. Si, par contre, son expression est rassurante, il va vers lui en toute confiance. À cet âge également, il est capable d'enregistrer une action faite par un adulte et de s'en souvenir dans le temps. Andrew Meltzoff[2] montre à un bébé une boîte qui a la faculté étonnante de s'éclairer quand on la touche avec le front. L'enfant est fasciné par cette nouveauté mais il n'a pas le droit d'y toucher. Une semaine plus tard, on lui donne la boîte mais sans la faire fonctionner. Il reproduit immédiatement ce qu'il a vu faire la semaine précédente et porte la boîte à son front pour déclencher la lumière. Voilà de quoi tordre le cou à une autre idée reçue qui proclamait que bébé n'avait pas de mémoire.

Un espace libre pour la pensée

Dès la naissance de leur enfant, et même dès sa conception, les parents partagent avec lui un espace psychique. Si cet espace n'est pas empli de non-dits quant au présent de l'enfant, à son avenir, celui-ci est libre dans son apprentissage.

À travers les transmissions des parents, de l'environnement affectif et éducatif et à travers les expériences de l'enfant se construit l'espace psychique où se fonde l'intelligence.

Vers deux ans, les enfants testent en permanence les réactions des adultes en observant comment ils réagissent dans les situations les plus variées. C'est, bien évidemment, tout ce qui est potentiellement

2 A. Gopnik, A. Meltzoff, P. Kulh, *Comment pensent les bébés ?*, Le Pommier, 2005.

dangereux qui donne lieu à leur testing. Les fils électriques, câbles ou télécommandes fournissent un échantillon formidable à leur manipulation. Ils cherchent à découvrir, à travers les réactions des adultes, comment ceux-ci fonctionnent. L'objet n'est qu'un prétexte et c'est pourquoi A. Meltzoff écrit : « Pour le psychologue en herbe qu'est le bébé, ses parents sont des rats de laboratoire. »

L'enfant à l'école aime les sourires

Si le bébé n'a pas été sevré d'affection et de stimulations, si on l'a laissé, au fil des premières années, explorer, interroger, faire preuve d'imagination, si l'entrée à l'école se fait dans le respect de son identité, de sa façon d'être et de penser, si on le soutient mais le laisse réussir seul et qu'on l'en félicite, il peut alors, devenu enfant, poursuivre ses apprentissages.

Les premières années à l'école sont souvent déterminantes. L'enfant est guidé dans les apprentissages scolaires, encore faut-il que cet accompagnement **mette en valeur ses réussites, quelles qu'elles soient, qu'il s'accompagne de plaisir et laisse place à ses questions, ses hésitations, ses engouements, ses voies de traverse**. Que l'on s'intéresse plus à l'enfant qu'à ses notes. Au parcours qui lui est propre.

Désarroi de cette petite écolière de six ans, malheureuse devant sa feuille d'évaluation qui affiche trois visages symbolisés : l'un arbore un grand sourire, le deuxième a la bouche serrée tandis que le dernier montre une grimace. Elle ne comprend pas pourquoi elle n'a pas obtenu trois sourires : elle a pourtant travaillé. Voilà cette fillette persuadée qu'on ne l'aime pas car, comme la plupart des enfants, elle s'identifie à ce qu'elle fait. L'évaluateur qui a cru trouver une bonne idée pour noter le travail de l'enfant a en fait créé un système où deux visages sur trois sont négatifs.

D'où l'importance de bien différencier le travail et l'affectivité. Ils n'ont rien de commun. Le travail scolaire doit être laissé à la place qui est la sienne, malgré les enjeux sociaux, l'inquiétude de l'avenir pour l'enfant.

On tient éloignés angoisse, culpabilité et chantage affectif, on distingue l'enfant et l'élève, on préserve la place de l'enfant parfois délaissé au profit de l'élève. Un enfant qui se sent soutenu, qui se sait aimé pour lui et non en fonction de ses résultats scolaires a d'autant plus de chances d'être libre dans l'apprentissage et de le mener à bien.

Une règle d'or

Parents tout comme enseignants doivent être prudents dans les propos qu'ils tiennent devant l'enfant. Ce qu'ils croient pédagogique ou tout simplement informatif de dire de **l'élève** est entendu par **l'enfant**. Un simple commentaire pédagogique, s'il n'est pas élogieux, peut être perçu comme un jugement de valeur qui le touche profondément dans son estime personnelle.

Trois cerveaux en un : ils agissent en simultané

Le modèle de fonctionnement du cerveau que l'on doit à Mac Lean (Prix Nobel 1961) est des plus intéressants. Même s'il n'est pas récent et encore loin de représenter la complexité cérébrale identifiée aujourd'hui, il a le mérite de proposer de nos comportements une grille de lecture efficace et compréhensible. Le Dr Mac Lean décrit le développement inouï du cerveau, seul organe à avoir subi autant de transformations au fil de l'évolution. En fait, le cerveau est composé de trois cerveaux. Ceux-ci s'empilent les uns sur les autres en autant de strates et ce, depuis le début de l'aventure humaine.

- Le premier à naître fut le **cerveau reptilien** que l'on trouve chez les dinosaures et les reptiles préhistoriques. Vieux de plus de 200 millions d'années, il est constitué de la formation réticulaire et de l'hypothalamus. Il est déterminé par un système « stimulus / réponse » pour les fonctions essentielles liées à la survie de l'organisme et au maintien des équilibres biologiques.
  Sa programmation étant innée, il est insensible à l'apprentissage ou à l'expérience. Il est également le centre de tous les comportements et gestes automatiques, des routines, ainsi que de l'agressivité ou de l'action réflexe en réponse à une menace vitale. C'est un cerveau archaïque, programmé pour satisfaire nos besoins immédiats (boire, manger) et assurer la survie de l'espèce (se reproduire).
- Une deuxième structure cérébrale s'est positionnée sur le reptilien. Le **cerveau limbique**, vieux d'environ 60 millions d'années, est le cerveau des mammifères. Nous le partageons avec le chat, le cheval, le lapin… Il est constitué du bulbe olfactif, de l'hippocampe et de l'amygdale. On trouve à cet étage deux fonctions essentielles cohabitant côte à côte : l'affectivité et la mémoire. Cette mémoire, active dès l'embryon, a la caractéristique d'enregistrer tout le vécu. Il est facile dès lors de comprendre l'impact de ce cerveau sur les processus d'apprentissage. L'empathie et le sentiment d'appartenance au groupe en font également le cerveau de l'adaptation. Or l'adaptation à une situation est une des aptitudes nécessaires au développement de l'intelligence. Elle a une importance déterminante pour l'élève, comme tout au long de la vie.
- Au dernier étage, sommet de l'évolution et privilège des mammifères évolués comme les primates et surtout l'Homo sapiens, on trouve le **cortex**. Datant d'un million d'années, c'est le plus récent des trois

cerveaux et le seul à posséder le langage. Il représente à lui seul 70 % de la masse cérébrale. Siège de la pensée logique, analytique (hémisphère gauche), siège de l'imagination, de l'intuition et des facultés de synthèse (hémisphère droit), le cortex est le cerveau de la réflexion, de l'anticipation et de la décision de l'action. Sa qualité essentielle est la capacité à puiser dans la mémoire une expérience afin de la confronter avec le présent pour imaginer une réponse adaptée à la situation. Tel est le rôle majeur des lobes frontaux, instance cérébrale la plus évoluée et qui est peut-être un quatrième cerveau en formation.

Fainéant ou lent...

Je suis toujours mal à l'aise quand des parents disent de leur enfant qu'il est « fainéant » ou « ne veut rien faire ». Souvent, à ce qualificatif de fainéant, on associe celui de lent : « Il est lent, il l'a toujours été... »

Pourtant, quand on observe ces enfants dans une activité qui leur plaît, on les trouve étonnamment rapides, actifs et inventifs. Y aurait-il deux états du cerveau ? L'un dans lequel les informations entre les neurones circuleraient à 100 m/seconde et l'autre où cette vitesse serait quasi nulle ? L'enfant dit lent ou fainéant est un enfant qui tente de retarder l'échéance, le moment « fatal » où il va se retrouver dans une situation qu'il connaît bien et qui va le conduire à un nouvel échec. Réviser un contrôle si on est persuadé de le rater, c'est déjà vivre l'échec.

Ne pas y penser, ne pas commencer (sinon le plus tard possible), c'est, pour l'enfant qui n'a pas confiance en lui et qui vit dans la peur de renouveler ses échecs, la meilleure façon de se protéger. Mais ce faisant, il bloque sa pensée car il associe ce qu'il apprend à cette peur et il augmente ainsi sa difficulté à mémoriser.

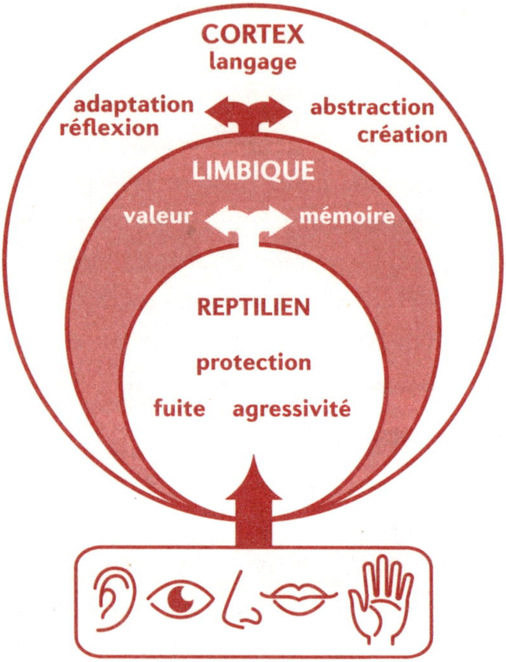

Illustration 1 : Les perceptions des cinq sens traversant les trois cerveaux (d'après Mac Lean)

Pour résumer, nous avons un premier cerveau qui se cantonne à la réaction immédiate. Peu présent dans les situations d'apprentissage, disons qu'il fonctionne comme un filtre primaire. Un deuxième cerveau permet d'acquérir une expérience et, grâce à la mémoire, d'**agir en fonction du vécu émotionnel**. Enfin, le troisième est capable de concevoir des actions efficaces grâce à la mobilité offerte par le langage qui compare, réfléchit, imagine, anticipe.

Mais comment ces cerveaux influencent-ils les comportements et surtout les situations d'apprentissage où sont plongés les enfants ?

Comment fonctionnent ensemble ces trois cerveaux ? La force de l'émotionnel, la puissance de l'intellect

Les trois cerveaux fonctionnent en simultanéité mais chacun apporte une réponse spécifique selon la situation. Si celle-ci ne comporte aucun danger, le cerveau reptilien laisse passer les messages. Il ne constitue pas un obstacle au fonctionnement des deux cerveaux plus évolués.

Un élève qui n'a pas pris un petit déjeuner équilibré a faim en dernière heure de cours et ne peut travailler correctement. De même s'il est en colère en raison d'une mauvaise note qu'il ressent comme injuste. Il est dans la faim, dans la colère. Il est empêché de penser.

Quand le cerveau reptilien laisse filtrer les messages et qu'ils parviennent au cerveau limbique, celui-ci les compare avec ce qui a été enregistré auparavant dans la mémoire. **Si rien de négatif n'y est associé, les messages montent au cortex.** Quand l'élève est plongé, lors d'un contrôle, dans une matière où il est à l'aise, où il n'a pas connu de grandes difficultés – pas de zéro, de remarque vexatoire –, il peut travailler en toute liberté.

Le cortex cherche alors dans sa mémoire les connaissances nécessaires à son travail, il réfléchit.

Le cortex est une instance de décision. On y planifie une action. Ce cerveau est au service non de la pensée, comme on pourrait le croire, mais de l'action. La pensée ne sert qu'à concevoir une action efficace.

Un élève dans l'action lors de l'apprentissage est dans une pensée qui construit du savoir. Il se tient un discours intérieur, élabore des stratégies et s'aide d'images mentales. Il se construit. Une action est efficace quand elle aboutit à un résultat positif, à un progrès.

L'action est conçue pour produire du plaisir. Et, pour l'élève, il s'agit du plaisir de réussir ou tout simplement d'avoir une bonne note, des félicitations. L'action peut aussi être conçue afin d'éviter de souffrir, ce qui est encore un plaisir. Pour l'élève, on est dans l'évitement de la mauvaise note, de la punition, d'un travail à refaire.

Créer un cadre épanouissant

Plus on fait vivre de réussites aux enfants, plus ils ont envie de reproduire les scénarios qui ont conduit à leur réalisation. L'école devrait être le lieu privilégié où les enfants expérimenteraient le monde et sa connaissance en toute liberté, en ayant l'occasion de se tromper sans contraintes ni culpabilité. Ils s'épanouiraient en agissant dans un cadre qui aurait du sens et respecterait l'identité en construction de chacun.

Quand un élève réussit, il éprouve une sensation de bonheur. Il a ensuite le désir de retrouver cet état. Il est motivé, s'implique dans son travail. Et chaque bonne note, chaque félicitation sont des gratifications qui le poussent à être dans l'action, à faire effort. Cet élève est dans une spirale heureuse de réussite.

Quand l'action dans un travail est inefficace, l'élève mémorise l'échec. Que se passe-t-il quand, plus tard, il est confronté à un travail semblable et qui, pour cette raison, ne lui permet pas, pense-t-il, de réussir ? Le cerveau limbique coupe toute information montant au cortex. La pensée devient inopérante, le cortex étant envahi par ce message émotionnel prévenant la conscience que la situation dans laquelle se trouve l'élève n'est pas bonne. **L'émotionnel prend la place de l'attention, de la compréhension ou de la réflexion.** C'est en ce sens qu'il est difficile de parler d'une intelligence émotionnelle. L'émotion est le signal le plus puissant dont dispose le cerveau pour accoler à chaque situation vécue son degré de priorité et décider du comportement à adopter. Ainsi l'émotion protège-t-elle des ressentis trop négatifs, mais elle empêche alors le rappel d'un travail mémorisé.

Mémoire d'un vécu réussi

Les enfants arrêtés dans l'apprentissage en raison d'une mémoire émotionnelle négative peuvent s'en délivrer. Un nouveau vécu, une expérience positive vient substituer un souvenir à un autre. La mémoire de l'échec est moins présente et laisse place à une autre qui se développe peu à peu et permet les succès. Il faut créer les conditions d'un vécu réussi. Les seuls encouragements verbaux sont insuffisants.

Ce qui a été mémorisé par un élève en difficulté en vue d'un contrôle lui est soudain inaccessible. La petite voix de l'échec se fait entendre : « Je suis nul », « Je ne comprends rien », « Je vais encore rater… » Cela peut s'accompagner d'une boule au plexus, de battements de cœur accélérés, de mains moites ou de tremblements. C'est ce que l'on appelle « **perdre ses moyens** ». Là, on est dans le cas d'élèves qui, confrontés à des échecs répétés, ne savent pas comment s'en sortir. Ils mémorisent l'inefficacité de leur action, l'inutilité de leurs efforts et collectionnent les mauvaises notes. L'un se désinvestit, abandonne l'action, se fait rêveur. Un autre choisit l'agressivité. Il provoque parents et enseignants, quand ce n'est pas ses camarades, libérant ainsi la tension émotionnelle qui est la sienne.

Fuir ou combattre sont des réactions qui utilisent des ressources hormonales libérées dans le sang. Elles maintiennent l'organisme dans un état non pathologique. En fait, ce qui est perçu par l'entourage comme des comportements négatifs joue, curieusement, un rôle protecteur.

Peur à l'école, peur de l'école

Au cours de formations d'enseignants, je demande à leurs élèves s'ils éprouvent de la peur pendant les contrôles. Chaque fois, un grand nombre décrit des symptômes qu'il n'est absolument pas normal de rencontrer chez des enfants.

Peur à l'école. Peur de ne pas savoir, d'avoir une mauvaise note, peur des moqueries dès qu'il s'agit de s'exprimer à voix haute, peur de redoubler, et cela dès la fin du premier trimestre.

Peur également à la maison.

Les enfants, aujourd'hui, subissent la pression d'une société inquiète du lendemain. Les parents anticipent un avenir fermé où les bonnes places seront de plus en plus disputées. « Il faut que tu apprennes à te battre », tel est le message que les enfants entendent chez eux, et ce vocabulaire guerrier est loin de les rassurer. Il est d'autant plus déstabilisant qu'il ne désigne aucune cible.

Et cette peur va à l'encontre d'un bon apprentissage, d'une construction harmonieuse de l'intelligence, qui se fait dans la recherche, les tâtonnements, les erreurs assumées et dans le plaisir.

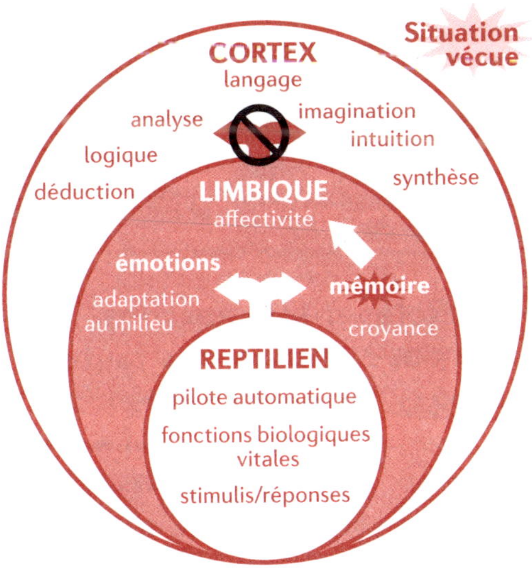

Illustration 2: Coupure (totale ou partielle) du cortex quand le système limbique reconnaît une situation mémorisée comme négative, donc à éviter. Cette reconnaissance instantanée met en branle une réaction émotionnelle qui envahit la conscience afin de lui signifier que la situation n'est pas bonne, une semblable s'étant soldée dans le passé par une douleur ou un échec.

Mais le cas le plus problématique passe souvent inaperçu. Il s'agit de l'élève qui se trouve dans l'impossibilité d'agir et subit une situation à laquelle il ne peut échapper. Il se trouve confronté à ses difficultés à comprendre, à mémoriser, à apprendre. Il accumule les notes au-dessous de la moyenne et les copies biffées de rouge malgré ses maigres efforts, efforts inutiles parce qu'il manque de méthode ou que les acquis nécessaires à son travail lui font défaut. Là encore, le cerveau limbique est bien présent pour le déstabiliser.

Si l'élève ne peut fuir (rêver) ou combattre (être agressif) se met en place un état physiologique d'attente en tension. Cet état, quand il se prolonge ou se répète, peut provoquer des troubles de santé. Contrairement à ce que l'on croit, il existe des élèves stressés. Stressés par leur échec récurrent. Ils se sentent constamment sous pression et ne parviennent pas à trouver leur équilibre. Ils somatisent à longueur d'année : maux de tête, maux de ventre, phobie scolaire, état dépressif.

Relever les réussites, ne pas souligner les fautes

L'impact des échecs sur le cerveau limbique est si fort qu'il importe de prendre le temps de relever les choses réussies dans un travail. Si analyser les erreurs d'un devoir est le travail le plus intéressant pour progresser, avant même de les aborder avec l'enfant, d'en chercher les causes, on s'arrête à ce qu'il a su faire correctement et qui présentait une difficulté pour lui, qui indique un nouvel acquis. On analyse les erreurs sans les dramatiser.

Même pour les élèves doués, il est important de souligner ce qu'ils ont réussi.

Observer soi-même son cerveau pour le piloter

À la conquête du monde intérieur

À chaque instant, le cerveau effectue des milliers d'opérations à la fois électriques et chimiques. On n'est pas conscient de ce travail incessant car toutes ces opérations sont automatisées et laissent le loisir d'organiser sa pensée.

L'univers intérieur a pour caractéristique d'être personnel et non accessible aux autres. Par contre, chacun peut avoir accès à sa vie mentale, revoir le passé ou projeter des actions futures, réentendre des sons, des phrases, la tonalité d'une voix familière.

Beaucoup d'enfants ignorent que cette connaissance est possible et qu'elle a un sens et une grande importance dans les apprentissages.

Qu'y a-t-il à l'intérieur de la tête ?

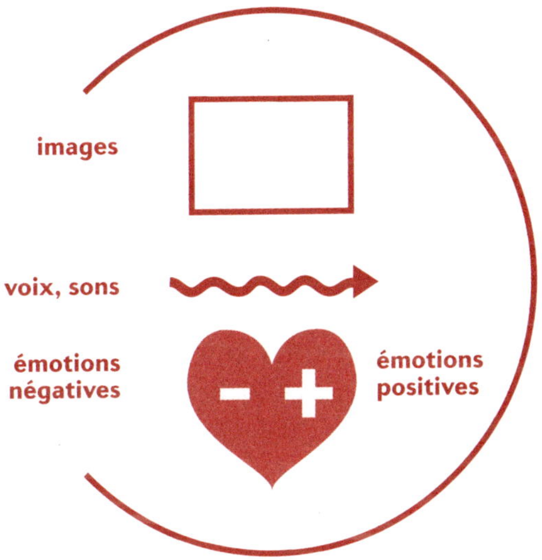

Illustration : Ce que nous sommes les seuls à observer de notre cerveau.

Le cadre visuel : des images dans la tête

Ce qui apparaît en premier lors d'une introspection[3], c'est le **cadre visuel**, un véritable écran mental permettant de voir des images.

---

3 L'introspection est l'observation intérieure faite par le sujet lui-même de ses procédures de pensée.

Mobiles, fixes, en couleur ou en noir et blanc… bref, le cinéma de la pensée avec toutes les fantaisies qu'offre l'imagination. Reproduction à l'identique de la réalité, interprétation du réel ou encore reproduction déformée, la variété ne manque pas.

Les images mentales sont faciles à faire travailler aux enfants parce que, à moins d'un empêchement à visualiser (ce qui est rare et dû la plupart du temps à un problème psychologique), les enfants arrivent aisément à les faire émerger et à les contrôler. Il suffit souvent de faire appel à leur imagination. Ils trouvent cela plutôt amusant, reportent et utilisent avec succès la visualisation dans leur apprentissage scolaire.

Si on demande à un enfant ce qu'il a fait deux jours plus tôt, il ne peut répondre qu'à partir du moment où une image visuelle se présente dans sa tête. On le fait ainsi remonter dans sa mémoire pour qu'il puisse observer le processus mental à l'œuvre. Il prend conscience alors qu'il passe par son langage intérieur : « C'était quel jour ? Où est-ce que j'étais et avec qui ?… » Il s'interroge jusqu'à l'apparition d'une image.

Cela met en évidence la corrélation entre l'image et le langage intérieur.

De même, si on donne à l'enfant une image à mémoriser, il s'en souvient précisément à partir du moment où il se la décrit ; sans cela, il ne garde en mémoire qu'une forme globale : les détails se construisent mentalement à partir du moment où l'enfant les a clairement installés.

L'enfant se parle pour voir – voir un mot d'orthographe, une carte de géographie, une figure géométrique, un schéma.

Quand les images ne sont pas contrôlées

L'image non maîtrisée peut donner lieu à de graves dysfonctionnements s'ils ne sont pas détectés. On se demande même parfois comment certains enfants ont pu arriver à des démarches aussi tortueuses. C'est le cas de Bastien, un adolescent de 13 ans, fils de médecins qui s'inquiètent d'un problème de communication avec lui et d'une certaine lenteur de réaction dont se plaignent les professeurs. Bastien donne toujours l'impression de réagir à contre-courant, de ne pas être là ou de s'exprimer avec un décalage en réponse à ce qui lui est dit. Bastien ne souffre pas de problème auditif. Aurait-il un problème de compréhension ? Je m'assure rapidement du contraire mais constate une chose assez surprenante : Bastien a pris l'habitude d'écrire dans sa tête ce qu'il entend. Ce qui veut dire que, dans un premier temps, il ne traduit pas en images de sens les propos entendus. Son écran mental ressemble à un journal lumineux. Il imprime mot après mot, et sur quatre lignes. Et il lui faut lire ce qu'il a écrit pour s'emparer du sens de ce qui vient d'être dit. Voilà pourquoi il est en décalage et réagit ou répond après coup. Il ne comprend d'ailleurs pas mon étonnement, pensant que son fonctionnement est tout à fait normal. Et il a du mal à saisir que, si sa façon de procéder est efficace pour l'épreuve de la dictée (il s'agit de voir les mots écrits dans la tête), elle est non seulement inutile dans la communication orale mais encore contre-performante. Elle empêche une compréhension fluide. Quelques exercices d'illustration de mots puis de phrases suffisent à faire disparaître ce trouble. Ainsi, aux mots « Le léopard chasse la gazelle », Bastien doit visualiser la scène. Et même si, dans un premier temps, il voit les mots s'écrire sous la représentation imagée, le plus important est qu'il parvient, à mesure que l'on parle, à afficher l'image de sens.

La voix intérieure et les sons du monde extérieur

L'espace mental est également le siège de ce qui appartient au domaine de l'auditif (ce que l'on entend) et du verbal (ce que l'on se dit : c'est la voix intérieure). Le sens auditif permet de reproduire à l'identique, quand ils arrivent à la conscience, les sons du monde extérieur, paroles entendues, musique, bruits.

La **voix intérieure**, elle, permet de dialoguer avec soi, plus ou moins abondamment, plus ou moins efficacement. Véritable bande-son, au carrefour de l'image et du ressenti, elle est déterminante dans l'apprentissage. En s'observant, on découvre que l'on se parle à soi-même comme on parlerait à quelqu'un d'autre. Parfois ce discours échappe au contrôle et devient du verbiage ou du ressassement.

Des mots dans la tête ?

Une adolescente de 11 ans n'avait nulle conscience de sa voix intérieure. Entendait-elle sa propre voix quand elle se parlait à elle-même ? Non, il n'existait aucune voix dans son cerveau, et pas davantage la sienne. Je lui ai alors suggéré d'imaginer qu'elle se levait de sa chaise, se dirigeait vers la porte et faisait pour cela une dizaine de pas, qu'elle l'ouvrait, la refermait avant de revenir s'asseoir en face de moi. Ce qu'elle s'est apprêtée à faire aussitôt. Je l'ai arrêtée : je voulais qu'elle y pense avant d'agir.

C'est là qu'elle a découvert, pour la première fois, qu'il y avait « quelqu'un » qui parlait dans sa tête, et ce quelqu'un... c'était elle-même. Elle s'était tenu un petit discours pour enchaîner les différents mouvements qu'elle avait à faire.

D'une manière générale, les enfants décrivent très facilement ce qui se passe dans leur tête quand on les place dans cette situation d'observation.

Après quoi, il suffit de mettre en évidence l'importance de leur langage intérieur, de leur montrer le lien existant entre ce qui se déroule dans leur pensée et le résultat d'une leçon mémorisée ou d'un problème de maths résolu.

Détecter l'importance ou la faiblesse du langage intérieur dans l'apprentissage est moins facile que de s'assurer de la présence des images visuelles. Il faut prendre appui sur le vocabulaire, demander à l'enfant s'il a parfois du mal à exprimer ce qu'il veut dire, si les mots lui viennent spontanément ou s'il les cherche en permanence. La communication avec les autres donne souvent de précieuses indications sur la santé du langage intérieur. Nombreux sont les enfants dont les difficultés à se parler, à construire leur pensée sont dues à une pauvreté de vocabulaire, à un problème avec les connecteurs logiques, ces mots qui lient des bouts de phrase entre eux pour en faire une pensée maîtrisée.

On se parle à soi-même comme on parlerait à voix haute et ainsi on quitte le verbiage et le flou pour une pensée efficace.

Une chose est sûre : moins un enfant se parle dans la tête, moins il se construit d'images visuelles et moins il possède les moyens de mémoriser, de réfléchir – moins il a de mobilité mentale.

Les émotions

Également observables par soi-même, il y a les ressentis, les émotions. Émotions positives et dynamisantes pour certains – il suffit de voir l'impatience des très forts en maths qui attendent concours ou examens pour se dépasser. Émotions négatives et stressantes pour d'autres : elles déclenchent souvent en réaction une agitation mentale, rendant indisponible l'intériorité, lieu indispensable à la réflexion, à l'analyse et à la mobilisation de la pensée. L'esprit est encombré et ne peut mettre en place une réponse coordonnée pour entreprendre et réussir.

Parfois, au cours d'un bilan avec un enfant particulièrement actif et émotionnel, je lui propose une version simplifiée de la « tour de Hanoi », jeu de réflexion qui me donne des informations sur sa capacité à utiliser son espace mental. Il s'agit de faire passer des disques d'une tour à une autre en passant par une troisième, et ce en un minimum de coups et en respectant certaines règles. Si l'enfant se jette immédiatement dans l'action en déplaçant les pièces au hasard, il a peu de chances de réussir.

Lecture d'un énoncé sous l'emprise de l'émotionnel

L'exemple le plus frappant de la force du blocage dans l'échec scolaire est celui de l'enfant bloqué en maths, cas malheureusement des plus fréquents. On lui donne un exercice à faire. On voit à l'expression de son visage que son cerveau limbique a identifié un événement mémorisé comme négatif. On peut vérifier l'intensité de la perturbation qui s'empare de lui dès la lecture de l'énoncé. Quand il l'a achevée et prend son crayon pour se mettre à écrire, si on l'arrête pour lui demander de restituer l'énoncé, il est incapable de le faire correctement : les données sont incomplètes ou fausses. Il s'apprête à résoudre le problème en s'appuyant sur un énoncé erroné, donc à aller vers un nouvel échec qui renforcera sa conviction d'être nul en maths. D'ailleurs, quand on l'interroge sur ce qui s'est passé dans sa tête pendant la lecture, il répond qu'il était certain de ne pas réussir, il se disait alors que l'exercice était trop difficile.

Or lorsque, **simultanément**, on lit et on se parle, ce que l'on se dit à soi-même occupe tout l'espace de la pensée. Voilà pourquoi l'énoncé ne peut être correctement perçu et compris. Voilà comment se répète un scénario d'échec.

Quand il finit par s'arrêter, découragé, il fixe le jeu, comme s'il allait trouver la solution en le regardant simplement ; mais les disques n'ayant évidemment aucune mobilité, il est tenté alors d'agir et de les bouger de nouveau sans avoir imaginé tous les mouvements possibles. Pourtant, il suffit que, dans un premier temps, il reproduise dans sa tête le jeu avec les trois tours et les disques à déplacer. La pensée manipule facilement les pièces, elle peut s'appliquer à explorer toutes les combinaisons afin de trouver la bonne. Il ne reste plus à l'enfant qu'à jouer.

Causes et conséquences des tensions émotionnelles

Le système limbique, centre de la mémoire du plaisir et du déplaisir, signale en permanence si la situation présente a déjà été répertoriée. Il y a une reconnaissance immédiate par comparaison avec ce qui a été vécu auparavant. Si cette situation ressemble de près ou de loin à une autre mémorisée comme douloureuse ou négative, un mécanisme de blocage de la pensée se met en place. Une tension émotionnelle s'installe alors, avec trois réactions possibles :

1. L'émotion est précipitante[4]. L'élève bâcle à toute vitesse son travail pour sortir au plus tôt de cette situation où il se trouve contre son gré. Aller vite permet d'abréger la durée de ce « vibrato émotionnel » qui lui fait revivre un moment répertorié comme négatif.

2. L'émotion est paralysante. L'élève se retrouve avec, dans sa pensée, un écran blanc (appelé aussi trou noir). Plus rien ne lui revient de ce qu'il a mémorisé. Un enfant disait regarder partout autour de lui, sur les murs de la classe, sur les illustrations collées aux fenêtres, à la recherche de quelque chose qui pourrait lui rappeler ses leçons pourtant apprises par cœur. Il cherchait un déclencheur à leur mémorisation.

---

4 Voir A. de la Garanderie, *Comprendre et Imaginer*, Bayard.

Cette sorte d'anesthésie de la pensée est également manifeste chez l'enfant dit lent. La lenteur est le signe d'un envahissement de l'émotionnel. Un enfant lent a peur et attend la dernière minute pour répondre : tant qu'il n'a rien écrit, il n'est pas dans l'erreur.

3. L'émotion de nature stressante installe une attente en tension, libérant par là même dans le sang un cocktail de substances (adrénaline, corticoïdes, etc.) servant à mobiliser les forces de l'organisme soit pour un combat, soit pour une fuite. Mais quand aucune action ne peut être enclenchée, ces substances s'accumulent dans le sang et peuvent occasionner, à long terme, des problèmes de santé.

Le stress des contrôles

L'hypertension artérielle, qui touche des millions d'individus, peut malheureusement prendre naissance dès l'école, dans le « stress des contrôles » quand l'élève sait qu'il ne saura pas répondre, qu'il aura une mauvaise note et qu'il en sera de même aux prochains contrôles, sans qu'il en devine la fin. Le plus stressant, ce n'est pas la note sanction elle-même mais la place qu'elle prend dans la mémoire. C'est le souvenir de l'impuissance à agir, la mémoire de l'échec.

Apprendre à se connaître : enjeu majeur de l'éducation

Avec le langage, la mémoire émotionnelle trouve son expression. Si son champ d'exploration est encore dominé par la psychanalyse, la faculté qu'a notre conscience d'être consciente d'elle-même nous permet d'observer et de décrire nos états mentaux.

Le plaisir d'apprendre

Témoignage de Jean C., psychologue clinicien qui travaille pour des institutions s'occupant d'enfants en difficulté.

« À l'école, la seule possibilité pour moi de fuir une réalité trop dure était la rêverie. Donc je passais mon temps à imaginer des moments agréables, la plongée sous-marine, les jolis poissons exotiques. Je m'évadais en permanence, mais c'était aussi une grande souffrance : je ne comprenais pas ce que je faisais assis en classe, à m'ennuyer. Je me rendais compte que je n'avais aucun projet, ne trouvais aucun intérêt à ce qu'on me proposait. Je ne prenais pas de plaisir à étudier. Je passais toujours de justesse dans la classe supérieure. Ma scolarité fut chaotique. Au secondaire, je ne me voyais aucun avenir. Je n'avais aucun impact sur le réel. C'est quand j'ai pu choisir mes études, à l'université, que j'ai découvert le plaisir. La motivation m'est venue avec ce plaisir, j'avais envie de connaître et d'apprendre. Ensuite, j'ai découvert le plaisir d'aider des enfants qui vivaient ce que j'avais vécu avant eux. Je pouvais mettre des mots sur ce qu'ils ressentaient. Je venais éclairer une émotion qu'ils ne savaient pas nommer. Ils sortaient enfin d'une sorte d'enfermement.

Images visuelles, discours intérieur, émotions et sensations constituent ainsi le « cocktail de la pensée ».

Être attentif, se concentrer, mémoriser et comprendre, réfléchir et imaginer sont les potentialités essentielles de notre cortex. Apprendre aux enfants à se connaître à travers elles devient l'enjeu majeur de l'éducation.

2

Comment fait-on pour être attentif et mémoriser ?

« Tu me dis, j'oublie.
Tu m'enseignes, je me souviens.
Tu m'impliques, j'apprends. »

BENJAMIN FRANKLIN

Comment fonctionne l'attention ?

On ne dit pas des élèves attentifs qu'ils le sont, on dit d'eux qu'ils sont de bons élèves, tout simplement. À l'inverse, les bulletins des élèves en difficulté regorgent de commentaires d'enseignants se plaignant de leur manque de concentration. Les résultats scolaires et le degré d'attention sont interdépendants. Un enfant ne réussit qu'à partir du moment où il parvient à être attentif en écoutant un cours ou en lisant une leçon. De même, il ne se concentre facilement sur son travail, en classe ou à la maison, qu'à partir du moment où il n'est pas en difficulté.

James E. Cutting, du département de psychologie de l'université de

Cornell, a pris pour objet d'étude plus de cent cinquante films produits par Hollywood entre 1935 et l'an 2000. Il a mesuré la durée de leurs séquences. Si une séquence est trop longue en plan fixe et dépasse un certain temps d'exploration, l'attention visuelle retombe, le spectateur éprouve de l'ennui. Si les plans se succèdent trop rapidement, une saturation s'installe et l'attention se fait difficile. En fait, ce chercheur a trouvé le rythme idéal qui maintient l'intérêt sans fatigue. Il l'exprime par une fréquence sous forme de courbe, appelée « bruit rose ». Avec cette grille de lecture, il a observé que la majorité des séquences de ces films et leur enchaînement correspondent idéalement à ce rythme.

Voilà comment, de façon intuitive, les créateurs d'Hollywood ont mis en concordance la durée des plans avec le rythme cérébral et ont su ainsi captiver les spectateurs.

Retenir l'attention, la maintenir, n'est pas une préoccupation réservée au seul univers du spectacle. Les enseignants sont eux aussi confrontés chaque jour à la volatilité de l'attention de leurs élèves. Ils se plaignent d'ailleurs que distraction et bavardage augmentent chaque année et ne savent quels scénarios imaginer pour intéresser les enfants. Avec **un auditoire nourri aux nouvelles technologies, habitué à s'éparpiller sur plusieurs sources**, écoutant de la musique tout en manipulant écran et clavier, la tâche n'est pas simple.

Cette faculté est pourtant essentielle parce qu'elle constitue la porte d'entrée principale de l'activité mentale. Non contrôlée et dirigée par les élèves, elle laisse au fruit du hasard les informations qui leur sont données. De toutes les informations qu'ils entendent et qu'ils lisent, il s'agit pour eux de sélectionner celles à faire exister, à comprendre, à mémoriser. Et rien ne se fait en dehors de l'attention. Elle constitue

une compétence de base sans laquelle aucun projet de compréhension ou de mémorisation ne peut s'installer.

Il n'empêche que le guidage et le maintien de l'attention sont une tâche des plus délicates. Rares sont ceux qui la maîtrisent parfaitement.

Pourquoi est-il si difficile d'être attentif ? Comment font les enfants ?

« Sois attentif, concentre-toi… » Ces consignes répétées à longueur d'année rythment le quotidien des enfants, à l'école comme à la maison. Que font-ils en entendant ces injonctions ?

Certains se disent : « Je suis attentif » ou « Il faut que je me concentre », attendant que s'installe magiquement en eux « l'état attentif ». D'autres grimacent, serrent les dents et se tendent comme un arc, croyant que la posture crée cette disposition de l'esprit si valorisée par les adultes. Mais ils s'aperçoivent très vite que c'est inefficace et que, dans leur tête, la dispersion habituelle règne, l'esprit bondissant d'une idée à une sensation, d'une sensation à un mouvement pour revenir à une pensée. Et cela sans direction, sans qu'un sens soit donné.

Attentif ou concentré ?

Être attentif, c'est faire exister dans sa tête en images, en mots, ce qui est perçu par les sens. Être attentif, pour l'élève, c'est extraire de l'environnement visuel ou sonore les éléments sur lesquels il va exercer sa pensée.

Être concentré, c'est maintenir une attention soutenue sans parasitage. C'est résister dans la durée à la distraction.

Une attention sans intention, non dirigée vers un but, devient une attention flottante, avec en conséquence un mélange de bouts d'information non reliés entre eux, et une durée de vie très courte dans la mémoire.

L'élève oublie très vite ce qu'il a lu ou entendu.

Être attentif, c'est établir des priorités et s'y tenir. C'est pourquoi les psychologues spécialistes de l'attention expliquent que maintenir son attention, c'est réussir à inhiber tout un ensemble d'événements neuronaux qui incitent à fuir la situation présente. L'élève décide d'avoir son esprit occupé par une tâche précise, à l'exclusion de toute autre pensée, et ce pour un temps déterminé. Toute autre activité doit être identifiée comme parasite et immédiatement exclue de sa pensée.

Témoignage d'élèves attentifs en cours

- J'ai décidé d'oublier l'heure quand le professeur parle, de ne pas regarder ma montre en permanence.
- Je ne pense pas à mes problèmes. Je sais avant d'entrer en classe quand je pourrai en parler : à la récréation ou, plus tard, au téléphone avec mes copains.
- Je me dis que plus j'en fais en classe, moins j'aurai à en faire à la maison.
- Je ne m'intéresse ni aux bavardages ni à ma voisine, pendant les cours. Aussi on me traite d'intello, mais ça ne me déplaît pas.
- J'essaie de me tenir assez droit, cela m'évite de me mettre à rêver.

La décision d'être attentif et concentré

Cette décision, l'élève doit la prendre avant d'entamer la tâche. Il passe un contrat avec lui-même. Il fixe un temps de travail, sachant que les vingt premières minutes sont les plus fragiles et qu'il est alors davantage sujet à la distraction, interpellé par un bruit, une voix, ou encore menacé par le verbiage intérieur. Sachant encore que plus on prend l'habitude de la concentration, plus on peut en allonger la durée, donc mieux on travaille.

Gêné par les bruits environnants

Beaucoup d'enfants se plaignent de ne pouvoir se concentrer à cause des bruits dans la classe : murmures, bavardages, rires, bruits de chaise. Selon le témoignage des professeurs et des élèves, les classes où l'on entend une mouche voler appartiennent à une époque révolue. La liste des élèves souhaitant s'asseoir au premier rang s'allonge. Ils pensent qu'il leur sera plus facile d'écouter mais, s'ils n'apprennent pas à se concentrer en coupant les parasites, à s'abstraire des bruits de la classe, il est possible que rien ne change vraiment.

On s'isole des bruits non en essayant de ne pas les entendre, ce qui détourne l'attention du cours pour la porter sur cet effort. On reste conscient de ce qui se passe autour de soi mais on n'est tout simplement pas concerné.

L'attention auditive, une épreuve pour beaucoup d'enfants

Écouter ce que disent les enseignants, tout au long d'une journée, n'est pas évident pour les élèves parce qu'ils sont alors en situation passive. Enfin, c'est ce qu'ils croient. En fait, l'attention est une action, une action mentale. On écoute – de façon quasi automatique

– ce qui présente un intérêt ou donne du plaisir. Mais quand il s'agit de nouvelles connaissances à comprendre, il faut faire effort, décider de porter son attention sur ce qui est dit.

L'attention auditive est la plus difficile à tenir dans la durée. Fragile, elle est soumise à de nombreux parasites. Pourtant, la presque totalité des transmissions, durant la scolarité, se font sous forme orale. Cours, exposés, interrogations au tableau, récitations ponctuent le quotidien des élèves à qui il est impérativement demandé de « bien écouter ».

La communication orale est moins souple que la communication écrite, et ce pour plusieurs raisons :
- On ne peut accélérer ou ralentir le débit verbal de celui qui parle.
- On ne peut revenir en arrière pour vérifier que l'on a bien entendu. Sauf à demander de répéter.
- La voix véhicule une tonalité émotionnelle qui se surajoute au message et qu'il faut décrypter.
- On est moins rapide dans la prise d'information lors d'une écoute que pendant une lecture.

Tous les mots prononcés pendant un journal télévisé de trente minutes occupent seulement trois colonnes d'un journal comme *Le Monde*, et un lecteur actif ne passe pas plus de dix minutes pour saisir les informations contenues dans ces colonnes. Il a, de plus, tout loisir de lire à son rythme, de revenir en arrière si nécessaire pour approfondir ou vérifier sa lecture.

La communication orale favorise la rêverie

En quelques minutes, une rêverie insidieuse peut s'installer chez l'élève malgré sa bonne volonté affichée en début de cours. Malgré son désir d'être attentif, de faire effort. Car, pour écouter, il ne suffit pas d'avoir les oreilles bien ouvertes, il faut, en permanence et en simultané, traduire ce que dit l'enseignant. Les mots, les phrases doivent se transformer en sens dans l'esprit de l'élève.

L'écoute est un processus actif qui demande une grande énergie

Il faut lutter dans le même temps contre de nombreux parasites.

Le premier parasite, le plus perturbant sans doute, est le verbiage intérieur : si, pendant qu'il écoute l'enseignant, l'élève se parle à lui-même, c'est sa propre voix qui occupe tout le champ mental. Quand on se parle, on n'écoute plus. On ne peut saisir simultanément deux messages, tout comme il est illusoire de penser que l'on peut suivre deux conversations en même temps. Ceux qui croient le faire passent en fait d'un discours à un autre en anticipant le sens, car on n'a souvent nul besoin d'écouter la fin d'une phrase pour en saisir tout le sens. C'est cette anticipation qui donne l'illusion de pouvoir suivre deux interlocuteurs à la fois.

La première condition pour faire exister dans son esprit une information est de créer un silence intérieur et d'en avoir conscience. Il est facile d'y entraîner très tôt les enfants en perturbant une histoire que l'on raconte grâce à des sons, de la musique ou des bouts de phrase utilisés comme des parasites.

Le deuxième parasite est lui aussi un grand perturbateur : si le message de l'enseignant déclenche une émotion, le champ mental de l'élève est instantanément occupé par elle et ne se laisse pas pénétrer. Ce qui a pour conséquence évidente de couper le lien entre l'enseignant et l'élève. Le message, tel qu'il est reçu par l'élève, est morcelé, incomplet. Là encore, dans ce cas de figure, le message de l'intérieur prime sur le message venant de l'extérieur.

Le troisième parasite, assez fréquent, est celui de l'association d'idées. Un mot déclenche un souvenir. L'élève s'évade dans sa mémoire au lieu de se saisir de ce qui est dit. Les images intérieures prennent la place du message qu'il écoutait encore une seconde auparavant. C'est le règne de la distraction et de la pensée vagabonde. L'élève ne pilote plus son attention.

Remédier à la fragilité de l'attention auditive

Parce que l'on ne peut jamais être certain que ce que l'on dit a bien été entendu, il est important de tenir compte des scories et des fragilités de la communication.

- Quand on parle à son enfant, savoir qu'il n'écoute pas forcément, même s'il en a l'attitude.
- Ce n'est pas parce que l'on répète qu'il entend davantage.

Donc pour éviter les « Je te l'ai déjà dit », quand le message est important, on l'écrit ou on le fait reformuler à voix haute.

Le quatrième parasite est le plus difficile à détecter : il faudrait en fait enregistrer toute la séquence de communication afin de mettre en évidence les distorsions entre ce que dit l'enseignant et ce qu'entend l'élève. En effet les mots n'ont pas le même sens pour tous, et il dépend du vécu de chacun. Là réside un risque de « mal entendu ».

Pour les élèves, il peut s'agir d'une méconnaissance de vocabulaire car un mot inconnu, un mot qui ne donne pas une image de sens, crée un trou dans lequel la pensée s'égare.

Le cinquième parasite peut tenir à la multiplicité des sources perceptives. Ainsi, quand un enseignant parle tout en présentant un schéma, un dessin, un diagramme ou toute autre information visuelle.

Pour suivre l'enseignant, l'élève est obligé d'arbitrer en permanence entre ce qu'il voit et ce qu'il entend. S'il commence à observer, donc à se concentrer sur ce qu'il voit au tableau, il n'écoute plus. Même si la perception auditive est toujours active, le sens du discours de l'enseignant reste flou, il échappe à l'élève tant qu'il s'empare de ce qu'il voit.

Mais si l'enseignant laisse des silences pour lui permettre de regarder l'image, s'il alterne paroles et silences, l'élève peut maintenir son attention.

Dernier parasite possible de la communication orale, celui créé par ce que l'on appelle la force des habitudes. En effet, plus on connaît celui qui parle, plus on a mémorisé d'informations sur son style de communication, son vocabulaire, sa tonalité, les émotions véhiculées par ses messages ou les sujets abordés, moins on prête attention à ce qu'il dit.

Au sein de la famille, ce problème de manque d'attention est très souvent évoqué, les parents reprochant à leur enfant de ne pas les écouter, et vice versa.

À l'école, l'enseignant a tout intérêt à varier la présentation de son cours afin que les élèves puissent soutenir leur attention. En utilisant des supports visuels (cartes, photos, films), il permet aux élèves à l'attention volatile d'accrocher celle-ci à un point d'ancrage.

Un autre moyen est la prise de notes. Mais cela se fait souvent au détriment de la compréhension, reléguée par les élèves au moment de la relecture des notes. Elle doit alors suivre rapidement. Quarante-huit heures après le cours, la mémoire flanche déjà et les notes se réduisent à leur sécheresse. Il devient difficile d'y accrocher toute la richesse du cours.

Il est important que les parents demandent à leur enfant ce qui peut le gêner en cours ou affecter son attention , et cherchent avec lui les moyens de mieux se focaliser.

L'inattention due aux conversations téléphoniques

Pourquoi la concentration est-elle perturbée quand un enfant en train de lire entend – même au loin – quelqu'un parler au téléphone ? Il perçoit des bribes de conversation. Qu'il le veuille ou non, il reconstitue mentalement ce que peut dire ou répondre l'interlocuteur. Il reconstitue le dialogue. Tant qu'il n'en a pas le sens, son attention reste captée.

D'où l'importance, dans les familles nombreuses, d'interdire le téléphone pendant les heures de travail et de faire éteindre les portables.

L'automatisme au secours de l'attention

La différence entre les bons et les mauvais élèves est, au-delà des connaissances acquises par chacun, que les premiers ont **automatisé des savoir-faire**, ce que n'ont pas fait les autres. Certaines activités sont trop complexes à mener à bon terme si des savoirs n'ont pas été automatisés. La dictée en est un bon exemple. Le temps de la dictée, l'élève doit garder un niveau de concentration difficile à maintenir.

Comment par exemple chercher l'accord d'un participe passé tout en écrivant, en écoutant le reste de la phrase dictée par le professeur, en s'interrogeant sur le sens d'un mot inconnu ?

De même, un élève ne peut résoudre une division que s'il a automatisé ses tables de multiplication et ne doit pas se réciter la table de 9 pour trouver à quel chiffre multiplicateur correspond 72.

L'élève qui a automatisé l'accord du participe passé ou les tables de multiplication se focalise sur ce qu'il écrit ou ce qu'il calcule. Il est concentré, mais sans tension. Il mène ses tâches à bien.

S'il est possible de mener en parallèle des activités automatisées, comme écrire des mots connus et accorder les adjectifs avec leurs noms, il est bien plus difficile de **soutenir son attention dans le cas d'activités auxquelles il faut réfléchir simultanément**. Les élèves alors en difficulté ne parviennent pas à maintenir leur attention avec suffisamment d'intensité pour un travail efficace.

Ne pas confondre attention et motivation

Il est facile de mettre en cause le manque d'attention des élèves pour toutes les difficultés rencontrées. Il est plus rare que l'on cherche d'autres explications et, quand on évoque la motivation, là encore elle est du domaine des élèves et non de ce qu'on leur propose.

Les élèves qui ont des difficultés à résoudre des problèmes de mathématiques, à réfléchir à des exercices complexes de grammaire ou de physique n'échouent pas forcément parce qu'ils manquent de l'attention nécessaire.

S'ils échouent, cela peut être en raison d'un manque de motivation à se lancer dans un travail qui demande un effort. Certes ils ne sont pas attentifs, mais tout simplement parce qu'ils ne sont pas motivés. **À la base de l'effort, il y a une nécessité ou un intérêt. Le travail doit avoir un sens, il doit être ressenti comme utile, ou du moins être assez attrayant pour susciter un élan.** Ce n'est donc pas sur l'attention des élèves qu'il faut s'arrêter, mais sur le travail qu'on leur donne. D'où l'intérêt des exercices présentés sous forme ludique, ou avec des énoncés simplifiés, ou encore des exercices aux difficultés progressives.

L'attention visuelle, plus souple, plus fiable

Être attentif à une image, carte de géographie ou schéma, ou à un texte, à l'orthographe d'un mot, à tout ce qui se présente sous une forme visuelle est un autre point de départ de la mémorisation, puis de la compréhension.

L'attention visuelle a un avantage sur l'attention auditive : l'élève peut faire retour pour vérifier et valider ce qu'il regarde ou ce qu'il lit.

Là aussi, l'attention consiste à faire exister dans la pensée ce qui est donné à l'extérieur de soi.

Cependant, ce n'est pas en regardant simplement que cela s'imprime à l'identique à l'intérieur du cerveau.

Le cerveau est-il un appareil photo ?

L'une des consignes les plus inopérantes que les enfants peuvent entendre à l'école est : « Regarde bien pour photographier » les mots écrits au tableau, une figure géométrique, un schéma.

Après des centaines et des centaines d'exercices-tests, donnés à des enfants aussi bien qu'à des adultes, il apparaît d'évidence que la simple perception visuelle d'une image n'en laisse qu'une reproduction partielle dans le cerveau. Si l'on regarde une image sans faire autre chose que la regarder, on n'a, au final, qu'une image mentale partielle, voire floue. Par contre, **si l'on se décrit précisément avec sa voix intérieure ce que l'on est en train d'observer, l'image se reproduit en soi avec tous les détails**.

Comment un élève se rappellerait-il l'orthographe d'un mot, un schéma, une figure géométrique, sans un travail conscient, alors qu'il est incapable de se souvenir de choses apparemment faciles à mémoriser, telles la couleur de la robe de l'enseignante avec laquelle il a passé la matinée ou un logo de marque affiché partout, dans son magazine, sur les murs de la ville et à la télévision ? Si l'on pense à un hippopotame, animal que l'on a vu en photo, dans des films ou encore au zoo, on retrouve la masse énorme de son corps posé sur des pattes courtes, mais se représente-t-on avec exactitude ses proportions, la forme de la tête, l'emplacement des yeux, la grandeur et la position de ses oreilles et de sa queue ?

Reproduire dans sa tête ce que l'on voit

En fait, pour « photographier », **pour reproduire à l'identique**, l'élève détaille ce qu'il regarde. Ensuite, il le quitte des yeux et visualise ce que le cerveau a construit lors de sa description mentale.

Découvrant l'image ainsi reproduite dans sa tête, il peut alors la comparer avec l'image réelle pour en vérifier l'exactitude, la corriger ou éventuellement la compléter par un détail oublié.

Ce qui n'est pas dit n'est pas vu, donc ne peut être mémorisé. En fait, quand un enfant dit « Je n'ai pas fait attention », cela signifie « Je ne me suis pas parlé dans la tête ce que j'étais en train de voir ».

Le cerveau de la lecture

Apprendre à lire un mot, c'est retenir le graphisme des lettres, associer des sons et des syllabes, identifier le mot et, dans le prolongement, accéder à son sens. Une opération très complexe qui met certains enfants en difficulté.

Comme on n'interroge jamais l'enfant en difficulté de lecture au niveau du mental (ce qu'il peut lui-même observer), on conclut trop rapidement à un trouble d'apprentissage. Pourquoi l'expérience directe vécue par l'enfant n'aurait-elle aucune valeur ? D'ailleurs, il suffit d'analyser ce qui est dit à ce moment de l'apprentissage et qui fait encore figure de méthode : « Regarde bien et photographie bien. » Or le système visuel tout seul est incapable de « photographier » le mot, qui est une structure complexe avec des détails essentiels. Ce qui est retenu, c'est une forme globale. Les détails le sont grâce au discours intérieur.

Méthode pratique pour mémoriser les lettres de l'alphabet

Une lettre écrite est une image, un dessin abstrait.

- Créer pour le petit un véritable circuit verbal tout en faisant le geste qui dessine la lettre dans l'espace. En se parlant le circuit de la lettre, l'enfant a un point de départ et d'arrivée. Il va retenir le geste et la forme à produire pour écrire la lettre.
- Entraîner l'enfant à dessiner la lettre en prenant conscience de sa position dans l'espace : exemple du b, dont le « ventre » va vers l'avant, l'avant étant le sens de l'écriture.

Un enfant latéralisé est un enfant qui se parle précisément l'espace.

Photographier les mots : mission impossible

L'inconvénient majeur des méthodes dites mixtes, les plus utilisées actuellement, c'est qu'elles sont en fait purement visuelles, et occupent plusieurs dizaines de séances en début d'année. L'enfant doit identifier le sens en regardant des mots. Mais, très souvent, toutes les syllabes ne sont pas encore identifiées, voire toutes les lettres, et l'enfant peine à en reconnaître, ce qui le laisse muet devant un mot. Parfois, reconnaissant deux ou trois lettres, il prononce un mot à la place d'un autre. **Les enfants qui n'ont pas encore découvert leur discours intérieur regardent les mots, imaginant qu'ils vont les mémoriser ainsi.**

L'enfant est malheureux de ne pas arriver à lire, les parents et l'instituteur s'en inquiètent et les cabinets des orthophonistes sont pris d'assaut.

Lire, c'est, entre autres choses, identifier les mots, les reconnaître dans un ensemble d'autres mots. Identifier un mot, c'est connaître l'ensemble de ses lettres sans avoir à le déchiffrer. Et, pour cela, l'apprenti lecteur doit se parler les particularités du mot, l'écriture des différents sons (an, en, am, em), les consonnes doubles ou simples, les lettres muettes et leur place dans le mot, les accents. L'enfant se familiarise ainsi avec le mot, il l'installe dans sa mémoire et saura le reconnaître, même caché au milieu de mots aux formes très proches. De plus, il saura l'écrire sans faute.

Méthode pratique pour s'approprier un mot

La consigne de photographier le mot pour en mémoriser l'orthographe met en échec les apprentis lecteurs s'ils n'ont pas, pour ce faire, une activité analytique face à l'ensemble des lettres.

L'enfant doit :

- se parler les difficultés du mot, syllabe après syllabe,
- quitter le modèle des yeux et prononcer chaque syllabe en imaginant que les lettres s'écrivent dans sa tête,
- vérifier que l'image mentale du mot est identique au modèle.

L'enfant qui n'aime pas lire fait un mauvais lecteur adulte.

L'enfant qui a appris à lire mais n'aime pas la lecture est souvent un enfant qui **lit trop lentement**. Il est indispensable d'avoir une certaine vitesse de reconnaissance des mots pour se faire des images mentales du texte et donc se saisir du sens de ce qu'on lit. Quand l'enfant ne parvient pas à identifier un mot et que, pour le déchiffrer, il bute sur certaines syllabes, **il casse son rythme de compréhension**. Son attention est projetée dans le déchiffrage des mots et non dans la saisie du texte. Comment aurait-il du plaisir à ouvrir un livre ?

L'enfant « DYS » est marqué pour longtemps : témoignage d'un ex-dyslexique

On disait à l'école que j'étais dyslexique ; en fait, je lisais trop lentement pour comprendre et ne me faisais aucune image du texte. C'était à la fois fastidieux et inefficace. Ce que l'on a vécu enfant de façon dramatique laisse des traces à l'âge adulte. Ainsi, j'ai encore un mal fou à me mettre à lire, j'ai toujours mieux à faire, même si, une fois que j'ai commencé une lecture, j'y prends grand plaisir. C'est comme pour écrire : le crayon me rappelle toutes les fautes que je faisais. C'est pourquoi j'utilise l'ordinateur, j'y ai moins de résistance.

Autre difficulté majeure : croire que lire, c'est prononcer des mots, réentendre des sons dans la tête

Ne prenant pas conscience des images qui se forment dans le prolongement de l'énonciation, le mauvais lecteur est imperméable au sens. Il arrive que la difficulté ne soit pas relevée, car l'enfant peut être bon quand il lit à voix haute, adaptant le rythme de sa voix aux signes de ponctuation, s'arrêtant aux points. Ou encore il se peut qu'il traduise en images quelques bribes du texte, mais pas assez pour s'emparer du sens précis. **Il reste dans une vague globalité.**

Ainsi la lecture lui devient-elle une épouvantable corvée : **le plaisir se découvre dans la succession des images créées, des émotions et des sensations qui en découlent.**

On pourrait croire que, parvenu à l'âge adulte, il prendra goût à la lecture ou à tout le moins qu'elle lui sera moins rébarbative, mais il n'en est rien et cet ennui, ce déplaisir face à la chose écrite perdurent. Le magazine remplace la bande dessinée qu'il lisait enfant, le livre est rare sur les étagères.

Méthodes de lecture rapide ou méthode classique ?

Plus on lit vite, plus on a de chances de comprendre et plus on lutte efficacement contre le vagabondage mental ou la rêverie.

Les méthodes de lecture rapide interdisent l'oralisation et même la subvocalisation : les mots ne doivent pas être prononcés mais pris globalement et se transformer en sens. La prononciation, même si elle est mentale, ralentit l'allure. Or, de nombreux stages de lecture rapide pour étudiants mettent en évidence que, si les stagiaires ne prononcent pas les mots mentalement, ils parcourent effectivement plus vite le texte mais ils ont aussi l'impression de le comprendre moins bien. Et cela même après un bon entraînement.

Le survol visuel des mots, leur reconnaissance globale ne livrent pas le sens. Le temps gagné en non-oralisation se perd en relecture de compréhension.

Pour accélérer le rythme de lecture, il suffit de ne pas subvocaliser les articles ou les mots non essentiels à la compréhension, comme les adverbes, certains pronoms ou adjectifs. En réduisant le nombre de mots lus, sans affecter la compréhension, on augmente mécaniquement la vitesse de lecture – mais attention aux mauvais lecteurs qui ont des difficultés avec les anaphores[5].

Les lectures en diagonale, les lectures d'écrémage sont nécessaires aux étudiants dans la poursuite de leurs études. Elles sont efficaces pour

5 Mot qui remplace un autre afin d'éviter une répétition (il, qui, y, le mien...).

capter le sens général de certains textes, journaux, revues. Quand ces articles sont dénués de toute difficulté ou encore quand ils abordent des thèmes, des notions familières, il suffit de les survoler en s'accrochant aux verbes, à quelques mots, pour reconstituer le sens mentalement.

Les visuels et les auditifs existent-ils ?

Un « auditif » serait un enfant qui aurait une préférence sensorielle marquée concernant essentiellement le canal auditif. Son attention, sa mémoire et sa compréhension passeraient par les sons et non par les images. *A contrario*, un « visuel » ne serait attentif que dans la mesure où les messages seraient présentés de façon visuelle. Il trouverait le sens dans les images qu'il se ferait, et celles-ci détermineraient sa façon de mémoriser et de comprendre. Ainsi, pour ne pas mettre en échec l'un ou l'autre de ces enfants, de nombreux enseignants font en sorte que leurs cours puissent satisfaire les deux codages sensoriels. En pratique, ils installent les élèves dans des habitudes (soit auditives, soit visuelles) qui figent leur agilité intellectuelle.

En fait, il n'y a ni auditifs ni visuels, mais des enfants qui ont pris des habitudes mentales et qui, si on ne leur apprend pas à passer par les deux codages, sont un jour ou l'autre en difficulté scolaire. Quelle que soit leur préférence, il faut leur apprendre à enrichir leur langage intérieur et à se faire des images utiles à l'apprentissage. Leur apprendre à élaborer les stratégies les plus appropriées à la tâche.

Comment fonctionne la mémoire ?

La mémoire, qui de tout temps a aiguisé la curiosité de l'homme, est devenue l'objet d'intenses recherches depuis l'essor des sciences cognitives. Mais plutôt que de parler de la mémoire, ne doit-on pas évoquer *des* mémoires ?

En effet, il y a la **mémoire spontanée**, celle des souvenirs, qui se manifeste par un surgissement d'images et de sensations. Par des paroles aussi, mais moins souvent. Un contexte la déclenche, une association d'idées.

Il y a aussi la **mémoire enfouie**. Le cerveau reçoit en permanence des informations et, de ce flot continu, seule une infime partie arrive à la conscience. La mémoire enfouie intéresse le travail analytique qui l'explore grâce à la technique basée sur les associations d'idées.

La mémoire spontanée, la mémoire enfouie ont leur importance dans l'apprentissage mais, non maîtrisées, on ne peut guère que reconnaître leur rôle.

Une **autre mémoire** est celle que l'on tente de maîtriser dans la vie quotidienne. Elle est sollicitée en permanence par l'élève, chargé d'enregistrer des cours pour les restituer plus tard lors des contrôles ou des examens.

Elle est aussi celle qui garde trace des contacts, des échanges avec les autres et l'environnement. Elle est témoin de nos débats intérieurs, de nos croyances, jugements et conceptions. Elle est à la racine de l'**image de soi**, de l'estime personnelle.

Le moindre trouble affectant la mémoire est vécu de façon angoissante parce qu'elle fait partie intégrante de notre **identité**.

C'est de la connaissance de cette mémoire qu'il sera question ici.

Au départ, une idée nouvelle : la mémoire, c'est du futur en formation

Quand on a demandé aux élèves des grandes écoles (Centrale, Polytechnique, ENS et des prépas comme Médecine) comment ils s'y prenaient pour réviser leurs examens, ils ont déclaré qu'avant de se plonger dans leur travail, ils imaginaient, de façon très brève, le jour et le lieu de l'examen. Ensuite seulement, ils entamaient vraiment leur travail de révision.

La mémoire est le projet

Un exemple frappant de mémorisation cantonnée à un projet est celui de ces étudiants qui, quelque temps après un examen, ont l'impression d'avoir oublié une grande partie de ce qu'ils ont étudié. Au cours d'un stage de formation professionnelle au sein des hôpitaux de Paris, des médecins s'étonnaient de ce que des pans entiers du programme ne leur soient plus accessibles malgré le bachotage qui leur avait permis de réussir plutôt brillamment leurs études. Leur projet était de réussir l'examen. Celui-ci ayant été accompli, les connaissances, placées dans ce contexte dépassé, étaient devenues difficilement mobilisables.

En fait, ces connaissances n'avaient pas été effacées de la mémoire des médecins. Ils n'arrivaient tout simplement pas à les en sortir. Heureusement, la pratique était là pour leur permettre de réactiver le savoir.

Les chercheurs se sont interrogés sur l'utilité d'une telle **projection** dans le temps. **Pourquoi dans le présent, imaginer un temps futur ?**

Pour mémoriser, il faut ouvrir un cadre d'avenir, un lieu de conservation des souvenirs, et ce lieu se trouve dans le futur et non dans le passé, comme on pourrait le croire. S'imaginer au futur permet de mémoriser l'action présente. Les travaux récents réalisés sur cette projection de soi ont montré que le cerveau utilise les mêmes centres nerveux que pour l'évocation du passé, quand on se remémore des souvenirs. Comme l'écrit Lilianne Manning (neuropsychologue à l'université de Strasbourg), le rôle essentiel de la mémoire autobiographique n'est pas de restituer avec exactitude notre vécu mais de nous « fournir des schémas pour construire notre avenir ».

Vus sous cet angle, des mystères de la mémorisation s'éclairent. Cette dimension temporelle présente dans la mémoire qui lie passé, présent et futur permet de mieux comprendre certaines difficultés des élèves.

Prenons un cas significatif, celui d'**Anna, une enfant âgée de 8 ans**. Dès la sortie de l'école, elle apprend sa poésie parce qu'elle souhaite regarder un peu plus tard son émission favorite à la télévision. Peu après, Anna récite parfaitement la poésie à sa mère. Pourtant, le lendemain matin, interrogée par la maîtresse, elle a de gros trous de mémoire et est incapable de restituer correctement ce qu'elle a appris la veille. Les hypothèses de stress ou de peur ayant été écartées, l'absence d'une projection dans le futur devient alors la cause la plus probable de cette mémorisation défaillante. Que s'est-il passé dans la tête d'Anna ? Son intention était d'apprendre *pour* réciter à sa mère. Cet objectif ayant été atteint, elle ne s'est pas imaginée, en classe, récitant sa poésie. C'est l'objectif immédiat, voir son émission de télévision, qui s'est imposé à son esprit et non celui de mémoriser pour un futur. Il est évident qu'elle ne pouvait être consciente de cette distorsion du projet et que, pour elle, le travail avait été réalisé correctement.

Projet limité des élèves

Tout se passe comme si, pour les élèves, le seul but d'apprendre était de restituer le savoir le jour même à leurs parents ou le jour du contrôle. Pourquoi des mots appris correctement pour une dictée se retrouvent-ils mal orthographiés la semaine suivante ? se demandent les enseignants. Pourquoi ces règles de grammaire que l'on doit répéter après chaque période de vacances ? Là encore, la pensée mémorisée a été dirigée vers une réutilisation bien déterminée dans le temps. Une fois ce temps révolu, beaucoup d'enfants la rejettent dans le passé. Ce faisant, ils bloquent leur mémoire ou ne l'affectent qu'à des tâches passagères. Voilà pourquoi, au grand désespoir des enseignants et des parents, on trouve dans les devoirs les mêmes fautes, pourquoi il faut sans cesse répéter les mêmes règles.

Les ados qui veulent comprendre et non apprendre ont souvent des problèmes de mémorisation

Toute connaissance à laquelle on n'a pas attribué un avenir reste dans le présent. Même si elle a été saisie correctement, même si elle a été comprise.

Le raisonnement de certains adolescents les amène à croire qu'une fois qu'ils ont compris, ils savent. Alors, à quoi leur servirait-il d'apprendre ? La question semble judicieuse mais pourquoi ces élèves se plaignent-ils par ailleurs d'oublis fréquents ? Ils adoptent la stratégie de prendre du sens dans le temps présent, persuadés que cela suffit pour une mémorisation efficace.

N'ayant pas placé la connaissance dans une perspective future, ils croient la maîtriser mais sont incapables de la restituer parce qu'ils ne se sont pas donné les moyens de la placer dans une orbite permettant de la retrouver quand cela serait nécessaire.

Mais que fait le « meilleur élève » de la classe ?

Que fait l'excellent élève avant d'entrer en classe ? Il a relu son cours même si aucun contrôle n'est prévu. Dans quel but ? Tout simplement pour établir un lien avec ce que va enseigner le professeur ce jour-là. Il est en accord avec une des lois du fonctionnement du cerveau, lequel retient mieux des éléments liés à d'autres que des éléments isolés. En d'autres termes, il est difficile de retrouver dans sa mémoire quelque chose qui n'est relié à rien.

L'excellent élève a non seulement relu son cours mais, encore, il a pris soin de se renseigner sur le cours du jour afin d'éveiller son intérêt et de faciliter l'attention qu'il doit mobiliser.

Évidemment, son travail en classe consiste à être mentalement actif et à s'imaginer se servir de ce qu'il apprend.

Rentré chez lui, il reformule les points principaux du cours. Il complète ce qu'il en a retenu avec livre et cahier. Ou encore il fait des exercices d'application. Ainsi, cet élève sait que, sans réactivation, la mémoire commence à s'effondrer en vingt-quatre heures. Ensuite, une simple réactivation la veille d'un contrôle suffit à lui assurer un travail d'excellence.

Ainsi, **la mémoire est intimement liée à une ouverture vers le futur**. On s'imagine réutiliser la connaissance, en un lieu et un temps déterminés à l'avance. Le revers de la médaille, c'est que, une fois « livrées » les connaissances stockées pour l'occasion, il n'est pas rare que le cerveau « oublie » ce que l'on pensait tenir de façon définitive. C'est comme si le cerveau était pragmatique : non seulement chaque souvenir est lié à un contexte mais encore ce qui a servi n'a plus de raison d'être. **C'est alors que la conscience doit décider de donner un avenir plus vaste à la connaissance en imaginant un autre futur et un autre contexte d'utilisation**. Ce que fait la personne curieuse : elle emmagasine tout sans savoir pour quel but ou quel usage mais avec le sentiment vague, profond mais non verbalisé qu'un jour, sans doute, cela pourra être lui utile… C'est l'un des traits dominants des grands créatifs.

3

Quel cerveau développe l'école ?

J'ouvrirai une école de vie intérieure
et sur la porte j'écrirai : école d'art

MAX JACOB

L'école implique deux intelligences sur huit

Si l'on reprend le modèle des intelligences multiples de Howard Gardner[6], la plupart d'entre elles sont totalement négligées : l'imagination, l'habileté du mouvement, la musique, la communication et la coopération avec les autres, ainsi que la relation équilibrée au corps et à l'esprit. L'école ne prendrait en compte que deux formes d'intelligence, le langage et l'intelligence logico-mathématique. Et si l'on tient compte de l'effondrement actuel de la langue lue et écrite, avec, comme corollaire, des difficultés pour comprendre la « langue » mathématique, on ne peut qu'être inquiet.

---

6 Psychologue américain à qui l'on doit *Les Intelligences multiples*, Retz.

Une école sans boussole qui accumule des réformes peu appliquées, des enseignants insuffisamment formés en début de carrière et au fil des ans, et dont la fonction n'est plus adaptée au changement d'époque, des élèves qui, mentalement absents, bavardent et traversent le cours sans s'y impliquer, et enfin des parents ayant intériorisé leur défaite et ne parvenant plus à gérer la démotivation et le décrochage de leur enfant : voilà un constat bien sombre qui, à chaque rentrée, se manifeste par la publication de livres aux titres évocateurs : *On achève bien les élèves*, *La Fabrique du crétin* ou encore *Les Profs suicident la France...*[7]

La société, elle, semble s'habituer à ce que 150 000 jeunes quittent chaque année le système sans rien en main mais avec un profond sentiment d'échec, une image de soi détériorée, souvent pour la vie.

Les diplômes[8] protègent, dit-on, mais nombreux sont les jeunes diplômés à se retrouver sur la brèche au bout de deux ou trois ans de travail, et combien d'autres sont obligés de cacher leur surqualification pour décrocher un emploi en dessous de leurs compétences. Jamais il n'y a eu un tel décalage entre ce qui est enseigné à l'école et ce qu'il est indispensable d'acquérir pour, à la fois, réussir un projet professionnel et accomplir un projet de vie, les deux objectifs étant indissociablement liés. Comment former un jeune à des compétences

7 P. Gumbel, *On achève bien les élèves*, Grasset ; J.-P. Brighelli, *La fabrique du crétin*, Éd. J.-C. Gawsewitch ; P. Ranjard, *Les profs suicident la France*, Éd. Jauze.

8 Difficulté d'évaluer ce que certifient réellement les diplômes. Peu d'étudiants ont un travail correspondant à leur formation. « À quoi servent les diplômes ? Si ce sont simplement des critères de classement et de sélection, est-ce vraiment raisonnable d'y mettre tant d'argent et d'énergie ? La société de demain recherchera plutôt des gens ayant des qualités humaines que des bacs plus 8. » Marie Duru-Bellat (sociologue, professeur à Sciences Po), citée par *Le Monde* du 10/09/2008.

multiples, épanoui dans son environnement et prêt à relever tous les défis dans sa vie d'adulte ?

> **« *Comprendre, c'est transformer de l'information en connaissance.* »**
>
> B. de la Chiesa
>
> Cramponné à la division disciplinaire et aux sacro-saints programmes bâtis pour un élève idéal du XIXe siècle, le corps enseignant n'est pas prêt à vivre la transdisciplinarité, condition essentielle d'un changement significatif.
>
> S'accrochant à l'idée qu'enseigner c'est transmettre, les enseignants ne réalisent pas que le travail sur la compréhension, la réflexion et l'imagination est un préalable à tout enseignement qui viserait le renouveau de la motivation et du plaisir d'apprendre. Plaisir et motivation restent à l'extérieur de la grande école.
>
> Quand l'enfant abandonne sa capacité d'étonnement et ne pose plus de questions, il est comme un champ qui, perdant ses fleurs, a perdu ses abeilles.

Le scénario du cours et son rituel, les rythmes auxquels les corps et les esprits sont soumis, les disciplines découpées en tranches, la relation enseignant / enseignés, les évaluations et la sélection par l'échec, l'orientation défaillante…, bref, ce qui caractérise le système actuel doit être entièrement revu à la lumière des avancées des neurosciences ainsi qu'à l'aune d'un changement d'époque. Le cerveau qui apprend, comprend, mémorise, imagine est au cœur des investigations des chercheurs parce qu'il concerne non seulement les élèves et les étudiants mais aussi les adultes qui doivent se former tout au long de leur vie. Et de cette formation continue dépend le progrès, l'innovation et l'adaptation au futur.

Enfants du XXIe siècle

L'attention et la mémoire sont les facultés maîtresses de l'apprentissage. Bien que lourdement sollicitées pendant le parcours scolaire, elles sont difficiles à mobiliser pour un nombre croissant d'enfants habitués à la vitesse, à la diversité et à la surabondance des images qui leur sont offertes via Internet, qui ne savent plus maintenir longtemps leur attention et ont des difficultés à résister à toutes les sollicitations, aux nouvelles tentations de la technologie. En outre, ils ont acquis des réflexes désastreux : aller au plus vite, ce qui signifie que même le peu de temps qu'ils passent à travailler n'est pas utilisé intelligemment. Ils font l'inverse de ce qu'il faudrait : pas de travail pensé, pas de mémorisation de sens, pas d'implication réelle. S'il est nécessaire de leur faire découvrir les potentialités qui sont les leurs afin de les initier à l'art de la pensée et à l'imagination, c'est-à-dire à la pensée personnelle, encore faut-il savoir comment. Et apprendre à les connaître. Savoir qui ils sont, et comment leur apporter le savoir et les initier au plaisir d'apprendre.

Les enfants d'aujourd'hui ressemblent-ils à ceux d'hier ? Les jeux vidéo et les nouvelles technologies ont-ils réussi à coloniser l'esprit des préados ?

Un cerveau pour la classe

« Et que je n'entende pas une mouche voler… » Le scénario « classe » fonctionne-t-il encore ?

Le cerveau est multisensoriel. Il aime le rythme, la variété, le mouvement et l'action. Mais le cours n'est pas un show, ni le prof un artiste. Et, trop souvent, la représentation est dans la salle. Un seul élève, à la repartie bien ajustée, suffit à déclencher des vagues de rire et à perturber un cours. Il est difficile de reprendre en main un groupe de trente élèves. Comment parvenir à les recentrer pour qu'ils soient à nouveau attentifs et dans le projet de comprendre ou de réfléchir ?

S'il est un sujet tabou dans la salle des professeurs, c'est bien celui du degré d'autorité d'un professeur sur ses élèves et l'ambiance sonore de sa classe. On préfère dire : « Cette année, les élèves sont plus dissipés. » Ce qui est d'ailleurs une vérité. Car, si le niveau de la classe baisse, le bruit augmente. Sans parler des vibreurs des portables qui se font omniprésents ! Par ailleurs, chaque année, on demande à l'école d'assumer une nouvelle mission, et à l'enseignant d'endosser un nouveau rôle : du copain au thérapeute, à celui qui socialise, parle de l'alcool et des drogues !

Effondrement de la lecture et de la pratique de la langue

Les murmures et les bavardages ne seraient-ils pas aussi une conséquence du fait que la « langue du professeur » est de moins en moins intelligible pour de plus en plus d'enfants ? Ceux-ci ne sont plus guère exposés à des situations concrètes d'acquisition de vocabulaire, ne sont plus à même d'enregistrer des mots nouveaux ni surtout de les utiliser. Rejet de la lecture, carence de vocabulaire, dégradation profonde de l'orthographe. Même la consommation de la télé a basculé, dans ces classes d'âge, au profit des jeux vidéo, de l'Internet MSN et de Facebook. Et ce n'est pas la pratique des textos, une langue sans syntaxe permettant tout juste de véhiculer émotions et informations express, qui peut favoriser la mémorisation de mots et l'acquisition de sens nouveaux. Nombreux sont les parents ne sachant pas rivaliser avec tout ce qui attire l'enfant et ayant moins de temps à consacrer aux discussions avec lui, nécessaires pour transmettre des contenus riches. Déculturation, insécurité linguistique, appauvrissement du sens et, en conséquence, baisse de la mobilité mentale. Selon une étude de l'Éducation Nationale de 2007, en France, quatre élèves sur dix avaient des difficultés en histoire/géo, dues à une maîtrise insuffisante de la langue voire, pour certains, très insuffisante. Moins du tiers des élèves ont les compétences nécessaires pour cerner une notion historique.

Pauvreté du vocabulaire mais aussi du bagage culturel, qui les empêche de rattacher ce qu'ils apprennent à un contenu signifiant pour eux. Ces enfants grappillent au gré de ce qui les interpelle.

Les parents doivent être conscients de l'importance d'utiliser à la maison un langage riche comportant des mots nouveaux et d'éviter le style télégraphique.

Empiler les savoirs sans donner le temps de la réflexion et de la reformulation

Qu'en est-il de la compréhension, de la réflexion et de l'imagination ? Pendant une journée d'école secondaire, alors que l'élève empile les cours et les différentes disciplines, il ne se trouve aucun instant ou aucune mise en situation pour lui permettre de réfléchir, aucun moment où il puisse faire retour sur ce qu'il a lu ou entendu. Et ce n'est pas le classique : « Y a-t-il des questions ? » qui offre une plage de temps suffisante à l'élève pour retourner dans son intériorité et voir ce que sa pensée, sa mémoire ont fait pendant l'écoute du cours.

Après chaque apprentissage, que ce soit en classe ou encore à la maison, il faut lui octroyer un temps de silence, un temps où il fasse retour sur ce qu'il a appris et l'installe ainsi dans sa mémoire. Il réfléchit, se sert de son imagination pour s'emparer à sa façon, qui lui est propre, de cet apprentissage.

Le discours intérieur, dont on ne parle pas aux élèves, anime pourtant la vie mentale et intellectuelle

Ce que se dit l'élève déclenche ses images mentales. Elles « traduisent » dans son langage propre les explications et les démonstrations verbales du professeur. Elles traduisent ce qu'il lit. C'est le premier stade de la compréhension, indispensable pour se hisser à des niveaux d'abstraction plus difficiles.

Se parler à soi-même

Scott Moss est un psychologue qui, à la suite d'un accident vasculaire cérébral, a perdu momentanément l'usage du langage. Non seulement il ne pouvait plus s'exprimer en mots avec les autres mais il avait aussi perdu son langage intérieur. Il n'avait plus la possibilité de réfléchir à son passé ou à imaginer son avenir, en tout cas pas avec des mots. Il s'est rendu compte alors qu'il n'avait plus la capacité d'exercer et de vivre la conscience d'être soi. Pour Alain Morin, chercheur canadien qui travaille sur le discours intérieur, cela conforte l'hypothèse que **le dialogue que nous entretenons avec nous-mêmes est ce qui nous rend conscients de notre existence.** Des expériences utilisant l'IRM semblent aller dans ce sens et démontrer le lien entre le langage intérieur et la conscience de soi.

Analyse, comparaison, mise en perspective, induction, déduction, toutes ces activités nobles de la pensée ne sont possibles que si l'enfant se parle dans sa tête et qu'il apprend ainsi à penser, à réfléchir.

Sonny ou l'éveil d'un discours intérieur

Sonny est un adolescent en grande difficulté scolaire depuis l'enfance. Il parle peu, sa mère le fait à sa place et, quand elle n'est pas là, il a du mal à exprimer une pensée. On le dirait toujours un peu absent à lui-même, comme s'il lui manquait un déclencheur pour l'animer. On se demande si les pensées le traversent sans qu'il puisse les arrêter.

Lors d'un stage d'une quinzaine d'adolescents, Sonny s'éveille. Très vite. Le premier jour, il est absent. Puis, lors de l'organisation d'un jeu, il propose une pauvre petite idée mais aussitôt acceptée par les autres. Il semble surpris de l'enthousiasme qu'ils montrent. Une semaine plus tard, Sonny est devenu le leader du groupe, celui qui fait preuve d'imagination, qui organise, se sert de stratégies à l'intérieur du groupe.

Le changement est stupéfiant : on dirait que Sonny vient de naître à lui-même. Mais lorsque sa mère arrive à la fin du stage, il retrouve son mutisme. À presque seize ans, il reprend soudain l'allure du petit garçon timide, silencieux, effacé, qu'il avait à son arrivée. Un enfant qui laisse sa mère « être » à sa place. Il faut d'urgence couper le cordon.

Une année en pensionnat, loin de sa mère, permet à Sonny d'être autonome, de penser par lui-même. Des séances de travail-lui apprennent à maîtriser son langage intérieur dans le domaine scolaire. Sonny réussit brillamment le secondaire puis des études universitaires.

Réfléchir, c'est pouvoir, à l'intérieur de soi, faire un « retour sur », et ce en l'absence de toute perception extérieure. C'est à cette seule condition qu'il est possible de confronter la connaissance, le problème, avec ce qui est déjà acquis. On est là au cœur du travail de l'apprentissage : il s'agit pour l'élève de donner un sens à ce que l'on vient de lui transmettre. André Giordan, ancien cancre et professeur à l'université de Genève[9], parle à ce propos de la nécessité d'un véritable remaniement de soi quand « pénètre » en soi une information nouvelle. **Apprendre, c'est accepter ce bouleversement, apprendre, c'est s'incarner dans la chose lue ou entendue.** Ce qui n'existe pas en images, en mots, en sens dans l'esprit est de l'**impensé**, du **non-acquis**.

L'élève qui, dans l'apprentissage d'une leçon, revoit dans sa tête la page de son cahier avec son écriture et les paragraphes surlignés, réalise un **par cœur visuel**. S'il peut le déstocker habilement le jour du contrôle, il n'y a plus accès quelque temps après parce que la connaissance n'a pas été « incarnée » en lui. Il n'a activé que la partie automatique, mécanique de son esprit en répétant à voix haute sa leçon et en l'écrivant dans sa tête. Il est dans l'impensé.

Il parle peu. Il a du mal à s'exprimer

Plus on a de mots, plus on peut se tenir un discours intérieur riche qui nourrit la communication avec les autres. Mais le langage sert aussi à l'élaboration puis à la restitution des connaissances. C'est ce qu'exige l'apprentissage scolaire. On le sait bien aujourd'hui : **un acquis est ce que l'élève est capable d'expliquer avec ses propres mots, quitte à utiliser ensuite les mots précis de la discipline.**

Souvent les enfants qui parlent peu sont considérés comme des timides. Ils reconnaissent, dans neuf cas sur dix, qu'ils aimeraient parfois dire ou expliquer quelque chose mais que les mots ne leur viennent pas. On est loin de la timidité, ou alors elle est la consé-

9 *Apprendre*, Belin, 2004.

quence de cette absence de mots dans l'esprit de l'enfant. On trouve un vocabulaire très appauvri et un discours intérieur remplacé principalement par des sensations ou des émotions. Or, c'est la discussion avec soi-même qui met en mouvement la pensée. Et c'est cette pensée qui est nécessaire à la réflexion et à l'imagination.

Le par cœur, une photocopie mentale

C'est dans le prolongement de l'énonciation que se forme l'image mentale. Quand un enfant répète à voix haute les mots d'une leçon, ils s'écrivent dans sa tête, l'écran mental lui servant de cahier. Le par cœur est toujours visuel. C'est un apprentissage en bloc et, si l'enfant est arrêté au milieu de la récitation, il lui faut souvent la reprendre bien en amont pour retrouver le fil. Le par cœur exclut le sens, la plupart du temps. Il offre à beaucoup d'élèves une sécurité minimum quand la peur ne bloque pas le rappel.

Le par cœur devrait toujours prendre appui sur la compréhension pour avoir des chances d'être vraiment utile au-delà d'une simple restitution.

« Trimestre décisif sinon c'est le redoublement ! », « En redoublant, tu referas tes bases et tu auras des méthodes ! »

Quel que soit leur environnement – village rural, ville de province ou grande cité –, les élèves décrivent la dégradation hallucinante de l'ambiance en classe. Pas de lieu protégé ! Sauf peut-être au secondaire, quand l'écrémage a été fait et que la perspective des années terminales puis de la sortie de l'école rendent possible un certain calme. Cela ne signifie pas que les cours soient suivis assidûment mais les élèves laissent plus facilement l'enseignant faire son travail.

Les stratégies des enseignants pour capter l'attention de leur classe ou faire régner le calme sont rarement efficaces. Semer l'inquiétude peut servir de moyen de pression sur les enfants comme sur les parents. Et cela peut commencer dès la maternelle : « Attention, ce que l'on fait en ce moment est déterminant pour réussir au cours préparatoire. » Ou : « L'an prochain, au secondaire, il risque d'être complètement perdu. Beaucoup de professeurs, beaucoup de travail. » Au primaire, la menace du redoublement est brandie dès le retour des vacances de Noël.

Le redoublement ne peut être exigé, mais si le conseil de classe suggère fermement aux parents le maintien de l'enfant dans la même classe, ceux-ci acceptent, faisant confiance à l'institution. Or que disent les enquêtes sur le redoublement ? Toutes les études, depuis une quinzaine d'années, prouvent qu'il est inutile – sauf parfois au secondaire, quand l'élève veut changer de section. La France est en tête de tous les pays de l'OCDE, qui a pointé qu'en 2003, 38 % des élèves de 15 ans avaient redoublé au moins une fois. La loi de 2005 pose une condition au redoublement en primaire : « Afin d'en assurer l'efficacité pédagogique, un programme personnalisé de réussite éducative est mis en place. » Mais quelle en est l'efficacité ?

Parmi les enfants que j'ai reçus en consultation, ceux qui ont redoublé n'ont pas progressé, ou si peu que c'en est négligeable.

Si les enseignants ne modifient rien, les élèves revivent les mêmes difficultés. L'échec se répète. S'il n'y a pas une véritable révolution au niveau des stratégies d'attention, de mémorisation ou de compréhension, le seul résultat obtenu est un renforcement des problèmes. Pour l'Iredu (CNRS- université de Bourgogne, 2005), l'élève qui redouble en primaire a moins de réussite dans la classe supérieure – après redoublement – que les autres élèves de même niveau. Et une moindre chance de décrocher le diplôme du secondaire[10].

Christian Forestier, ex-président du Haut Conseil de l'évaluation de l'école, avance que plus on redouble tôt, moins on a de chances de sortir diplômé en fin d'études. Il va même jusqu'à considérer le redoublement comme un « véritable génocide pédagogique ». Comment ne pas penser au pédagogue Antoine de la Garanderie qui parle d'instituer un tribunal afin de juger les crimes pédagogiques !

Le leader, le bouc émissaire et l'« intello »

Être le seul adulte face à un groupe de trente enfants sans avoir été formé à la dynamique des groupes ni à la communication est une aventure de plus en plus périlleuse. À partir de huit éléments, un groupe produit plusieurs phénomènes. Il y a émergence d'un leader et, dans une classe, il s'agit surtout d'un leader affectif. Il y a également apparition d'un leader instrumental, celui qui intervient pour faire avancer le travail et l'objectif du groupe. Mais au secondaire, quand un élève prend la parole pour faciliter, améliorer ou enrichir la qualité du cours, bref quand il participe, il est le plus souvent épinglé comme « intello » par les autres élèves. Là, il se place automatiquement en marge, un peu comme un paria. Des enfants très brillants masquent leur compétence justement pour ne pas attirer l'attention sur eux. Certains finissent même par perdre leur enthousiasme si enseignants et parents n'y prennent pas garde.

L'autre rôle qui émerge dans une dynamique de groupe est celui du bouc émissaire. Il est l'exutoire, celui qui permet d'évacuer et d'expri-

10 Depuis trois ans, le nombre des redoublements baisse en France (sauf pour la classe de seconde). Est-ce pour diminuer la facture des deux milliards d'euros que coûte chaque année cette exception française ?

mer les tensions du groupe. Le timide, le gros, le maigre, celui qui a un problème physique ou un nom dont on peut se moquer, tout est prétexte à humilier, voire persécuter. S'installe alors chez l'enfant la **phobie de l'école**. Bien entendu, on ne peut systématiquement incriminer les autres élèves s'il se refuse à aller en classe, mais c'est souvent le cas. C'est donc un aspect du problème auquel doivent s'intéresser les parents. L'enfant parle-t-il de ses camarades de classe ? Qu'en dit-il ? A-t-il des copains en dehors de l'école ? En avait-il l'année précédente ? L'enfant - bouc émissaire n'est pas libre dans sa tête et ne peut donc pas travailler. Il rejette tout ce qui de près ou de loin ressemble au scolaire. Les parents doivent se montrer d'autant plus attentifs que le rejet de l'enfant ne cesse pas automatiquement en cas de changement d'école. Le mal est fait, l'enfant traumatisé devient un élève médiocre, un mauvais élève. Pensons un instant à ces élèves en section professionnelle qui n'osent plus aller en cour de récréation car, à la vue de leur bleu de travail et tenue de sécurité, les autres élèves du lycée les traitent de « Schtroumpf ».

Rejet de l'image et début timide des nouvelles technologies

L'école et les enseignants se sont toujours méfiés de l'image. Téléviseurs et premières générations d'ordinateurs ont vite été remisés dans les placards. Pas de formation ni de temps à cause de la charge des programmes, mais surtout une crainte, celle que l'image n'entre en concurrence avec le cours magistral. On s'en tient à la bonne vieille tradition : le professeur parle, les élèves écoutent. Il y a bien quelques passionnés de vidéo et de cinéma qui tentent chaque année de mettre sur pied un projet « lecture de l'image », nécessaire aujourd'hui pour éduquer à la consommation et à l'invasion des images. Mais on les regarde du coin de l'œil, les soupçonnant d'être des soixante-huitards attardés, essayant d'amener le ludique dans le scolaire.

Sans doute est-ce aux parents de s'essayer à faire de ces nouvelles technologies un lieu d'échange. Plaisir partagé à surfer sur Internet, à faire des recherches, à parler avec l'enfant de ce qu'il découvre. Même un mauvais programme télé peut être le point de départ d'un débat. L'enfant prend l'habitude de réfléchir et d'argumenter s'il sent un réel intérêt de ses parents à ce qu'il dit.

Comment se former et apprendre en jouant aux jeux vidéo ?

À l'apparition des jeux vidéo en 1972, personne ne se doutait qu'un jour, ce qui allait devenir une véritable industrie capterait l'attention et l'énergie de plus d'un demi-milliard d'humains. On imaginait encore moins que des gouvernements investiraient des centaines de millions d'euros afin de développer des jeux favorisant l'apprentissage des enfants, la transmission d'un savoir ou d'un savoir-faire et la sensibilisation à des sujets d'intérêt général.

On n'imaginait pas non plus que des collèges anglais allaient introduire, dans des classes d'élèves en difficulté scolaire, des jeux vidéo correspondant aux programmes.

L'entrée des jeux vidéo dans les écoles est encore très timide car, dans notre tradition scolaire, le jeu étant opposé à l'effort, l'enseignement a gommé de l'apprentissage tout ce qui pouvait ressembler à du plaisir.

Si on exclut les jeux basés sur la perception / action (l'enfant, regarde l'écran, ça bouge, il tire) qui ne procurent qu'un défoulement addictif et que l'on s'intéresse à ceux qui reposent sur des stratégies, des contraintes et des niveaux de difficulté, on découvre alors qu'ils peuvent être d'un grand intérêt quand leurs qualités sont transférables dans l'apprentissage classique.

Des jeux vidéo en aide à la thérapie de jeunes enfants

On reproche aux jeux vidéo de provoquer addiction, agressivité et désocialisation. Il est vrai que passer une vingtaine d'heures par semaine sur un jeu en réseau et finir par dormir le matin en classe, sans plus rien comprendre de ce qui s'y passe, est une situation assez inquiétante. L'hôpital Marmottant, à Paris, s'est spécialisé dans l'accueil de ces « malades » du jeu.

Mais, à contre-courant de cette prise en charge, des psychologues ont introduit le jeu vidéo dans leur pratique thérapeutique afin d'aider **des enfants ayant de sérieux troubles de communication.** C'est François Lespinasse qui, à l'hôpital de jour de Bordeaux, a utilisé Super Mario 2 et 3 pour recréer un lien social et favoriser l'expression entre les enfants. D'autres thérapeutes recourent à des jeux inspirés des contes (avec des thèmes comme l'abandon ou le bouc émissaire) pour offrir aux enfants une occasion d'action sous les yeux du psychologue qui a là matière à libérer la parole. Si le jeu vidéo n'est pas le remède miracle, il offre le gros avantage de créer rapidement entre le soignant et le patient une relation de confiance. Un atelier de jeu vidéo pour adultes a également été ouvert dans un hôpital psychiatrique parisien…

Les nombreuses qualités qui peuvent être développées grâce aux jeux vidéo

- **L'attention**. Il est évident que, sans la mobilisation des compétences attentionnelles, aucune progression dans un jeu n'est possible.
- **L'action** dont l'enfant est l'auteur offre une meilleure mémorisation à long terme que l'écoute passive d'un enseignant qui parle.

- **La visualisation** de l'espace virtuel permet une appropriation du lieu de l'action tout en développant le langage intérieur.
- **Une sécurité méthodologique** à partir du moment où l'enfant joueur répète à l'infini les essais et ne se sent pas culpabilisé quand il se trompe.
- **Une organisation** des supports et outils dans l'espace, permettant une interaction permanente et offrant la possibilité de mener des tâches en parallèle.

Notons que le cerveau utilise des circuits différents et des fonctions indépendantes pour traiter sans fatigue plusieurs informations.

- **Un apprentissage actif,** le joueur faisant des hypothèses d'action et les validant ensuite. Ce qui lui fait prendre conscience de ses stratégies et lui permet d'analyser ses erreurs afin d'être meilleur au prochain essai. Ainsi, il entre dans une spirale de résultats immédiats de ses actions (récompenses et déceptions) qui soutient la motivation et l'envie d'aller plus loin.

Le jeu vidéo, comme source et support d'apprentissage, a de beaux jours devant lui à partir du moment où les systèmes d'enseignement lui laissent le rôle qui doit être le sien : **associer une activité de connaissance et de découverte avec le plaisir de la réussite**.

Et celui-ci est encore plus grand s'il offre la possibilité d'un **partage** ou d'un **accompagnement**. Si Internet se réduit à la recherche de jeux gratuits, l'outil offre peu d'intérêt. Si par contre l'adulte montre comment il s'y prend pour faire une recherche même à travers un exemple ludique, il y aura découverte et effet d'entraînement.

Une école « cerveau gauche » avec des élèves « cerveaux droits » ? Des stratégies issues des habitudes ?

Lou vient de recevoir un ordinateur. Aussitôt déballé, elle le branche, impatiente de l'utiliser. Elle cherche le bouton pour le mettre en marche et se lance à la découverte de son appareil en suivant son intuition.

Jean, lui aussi, a un nouvel ordinateur. Son premier geste est de chercher le mode d'emploi dans la boîte. Il étale devant lui le contenu du paquet et vérifie tous les éléments à l'aide de la brochure. Ensuite, il lit les pages concernant ce qu'il faut faire lors de la première mise en marche. Il suit méticuleusement les instructions.

Paul et Valentin rêvent de construire une cabane. Paul étudie soigneusement l'endroit où il veut l'édifier. Il tient compte du côté pratique pour réaliser sa construction. Il fait un plan en s'inspirant d'un modèle existant. Après avoir réuni tous les matériaux et les outils nécessaires, il commence son travail en suivant son plan, étape après étape. Voici un enfant organisé qui fonctionne de façon séquentielle et analytique. Il est plutôt cerveau gauche. Sa cabane est solide mais sans grande fantaisie.

Valentin a une démarche radicalement opposée. Il choisit un bel endroit sans tenir compte des contraintes. Il passe peu de temps à la conception et s'en tient à la vision qu'il a de sa cabane. Il la voit déjà terminée. D'ailleurs, il ne traîne pas et ne se préoccupe guère de technique. Pour la construire, il se sert de ce qu'il trouve sur place et improvise dans l'instant. Sa cabane est plutôt sympathique bien que certains ne la trouvent guère solide. Cet enfant a été sous la domination de son cerveau droit.

Voilà, en forçant le trait, des comportements typiques, et certains enfants mais aussi de nombreux adultes s'y reconnaîtront. Ces façons de faire ne sont pas le fruit du hasard, du caractère ou de la personnalité, mais plutôt **le résultat d'habitudes mentales** acquises très tôt. Elles induisent des actions différentes avec des résultats différents. Aussi, pourquoi ne pas instruire l'enfant sur le fait qu'il existe des **stratégies alternatives** et que, s'il est bon pour lui d'avoir des habitudes et des façons personnelles de raisonner quand il est en réussite, il peut en acquérir d'autres plus adaptées aux tâches où il l'est moins ? On peut lui apprendre à mettre un peu de logique dans un travail où l'imagination est reine et, à l'inverse, lui suggérer de laisser faire son intuition là où il se veut trop cartésien.

Mais d'où viennent ces habitudes mentales qui régissent la pensée et l'action ? Faut-il les chercher dans le cerveau et la mémoire ?

Les débuts de la révolution du cerveau

Au XIXe siècle, on estimait que seul un hémisphère cérébral était actif, le gauche, et que le droit jouait un rôle de remplaçant en cas de défaillance. Le médecin Paul Broca découvrit en 1865 que des lésions dans une zone de l'hémisphère gauche avaient pour conséquence des troubles du langage. Dans la même zone de l'hémisphère droit, rien de semblable ne se produisait : le langage n'était pas altéré. Ainsi, il était établi que les deux hémisphères ne se ressemblaient pas et, comme le langage et la parole sont essentiels à la communication et à l'élaboration de la pensée, on estima que l'hémisphère gauche était dominant.

La découverte récente de l'hémisphère droit

Quand le chirurgien américain Sperry réalisa en 1961 la première commissurotomie d'un cerveau humain, il ne pouvait imaginer que ce coup de bistouri rendant indépendants ses deux hémisphères allait changer la connaissance du fonctionnement cérébral. Sectionner le corps calleux, ce pont de plus de deux cents millions de fibres nerveuses reliant l'hémisphère droit au gauche, devait permettre de protéger un des hémisphères des crises d'épilepsie dont souffrait un malade. L'opération réussit, mais le plus important fut sans doute une découverte sur le fonctionnement des hémisphères : ils reçoivent la même information qu'ils traitent de façon différente, ils sont complémentaires.

Par la suite, une multitude de tests ont permis de dresser la liste des caractéristiques de chaque hémisphère.

Occident et Orient : deux cerveaux opposés ?

Le psychologue Robert Ornstein a fait en 1970 l'hypothèse que les Occidentaux ont hypertrophié leur hémisphère gauche par leur pensée rationnelle et logique, conséquence du combat des sciences exactes contre les pensées mystiques ou spirituelles. Tandis que les Orientaux eux, sont restés dans l'émotion et la pensée intuitive. À l'opposé, donc.

Pour **l'hémisphère droit** : image et imagination, synthèse, analogie, intuition, vision globale et simultanée, aspect qualitatif, créativité, espace.

Pour **l'hémisphère gauche** : langage et verbalisation, travail analytique et séquentiel, quantitatif, rationnel et logique, temps.

Donc, le rationnel, le logique, l'analytique sont sous la coupe d'un hémisphère gauche dominant tandis que l'émotionnel, l'intuitif dépendent de l'hémisphère droit.

À la suite de ces travaux, on disposait du cerveau une cartographie utilisable qui présentait l'avantage de dépasser le vieux modèle de la phrénologie de Le Gall, qui identifiait la bosse des maths en observant les bosses situées au niveau de la boîte crânienne.

Cerveau droit, cerveau gauche : une expérience

Rendre indépendants les deux hémisphères en sectionnant le corps calleux a permis de repérer leurs caractéristiques.

Un malade a les mains cachées sous une table. Quand on lui donne un stylo et qu'il le tient dans la main droite (donc sous la commande de l'hémisphère gauche), le malade déclare savoir à quoi sert l'objet et peut le nommer.

Quand on met l'objet dans sa main gauche (donc sous la commande de l'hémisphère droit), il ne peut décrire ou nommer ce qu'il tient dans la main. Mais si on place le stylo parmi d'autres objets, il peut s'en saisir, grâce à la reconnaissance visuelle – ce dont est incapable l'hémisphère gauche.

Ainsi sont nés les « cerveaux gauches » et les « cerveaux droits » avec, dans leur cortège, un nouveau neuromythe *(Voir encadré)*.

De l'école primaire au doctorat, l'organisation de l'école (avec ses programmes, règlements, contrôles, évaluations, classements) privilégie exagérément l'hémisphère gauche, qui quantifie plus qu'il ne qualifie. Prenant le contre-pied des « cerveaux gauches », les rénovateurs de l'éducation ont proposé alors de rééquilibrer les « nourritures cérébrales » des apprenants en changeant la façon de présenter les connaissances. Aux USA, c'est le mouvement **« montre en images et ensuite parle »** qui tente de réhabiliter le cerveau droit en utilisant les **visualisations, graphiques, métaphores et cartes mentales**, si utiles aujourd'hui pour débloquer certains enfants qui ne veulent (ni ne peuvent) passer par un apprentissage par cœur. Cerveau droit contre cerveau gauche, donc. Cependant, lors d'expériences affinées, la réalité paraît beaucoup plus sophistiquée. Le rapport de l'OCDE sur la recherche cérébrale et l'enseignement précise qu'il est rare que l'un des hémisphères travaille de façon isolée[11]. Il existe certaines tâches, telles la reconnaissance visuelle (cerveau droit) ou la production d'un discours (cerveau gauche), pour lesquelles l'un est dominant, mais la majorité des tâches nécessitent le travail des deux hémisphères en parallèle.

Alors, ne pourrait-on pas allier le « gauche » et le « droit », la logique et l'imagination, donnant ainsi plus de possibilités, plus de force à l'enfant apprenant ?

Sous la houlette de plusieurs scientifiques, comme E.P. Torrance et M. Hunter, a vu le jour un mouvement de rénovation des méthodes pédagogiques prônant la nécessité de s'adresser à un cerveau total plutôt qu'à un seul hémisphère. Ces spécialistes dénoncent les systèmes scolaires privilégiant et se focalisant sur le langage et les maths, négligeant **l'image et l'imagination, la pensée intuitive, la globalisation**, bref, les qualités de l'hémisphère droit.

Le but de ces nouvelles pédagogies est d'activer la synchronisation des deux hémisphères. Elles développent ainsi une dynamique de rénovation de l'apprentissage pour une construction intellectuelle de l'enfant plus équilibrée et plus harmonieuse.

Utiliser les tests à bon escient

Ned Hermann, un formateur de General Electric, s'est passionné, voici une vingtaine d'années, pour les travaux de Mac Lean et de Sperry. En tentant d'en réaliser une synthèse, il a mis au point un

11 *Comprendre le cerveau. Naissance d'une science de l'apprentissage*, OCDE / CERI, 2007.

test de préférences cérébrales en désignant dans le cerveau quatre secteurs de réactivité. Quatre quadrants qui englobent aussi bien le cerveau intellectuel (le cortex, avec ses parties droite et gauche) que le cerveau émotionnel (le limbique, lui aussi avec ses parties gauche et droite). L'expert est à l'aise dans l'analyse, le raisonnement, la logique et l'abstraction. Le stratège préfère la synthèse et l'intuition et il a une bonne vision de l'avenir. L'organisateur, quant à lui, planifie, structure, organise, il est méthodique. Enfin, le communicateur est dans le relationnel, il aime le travail en équipe, il marche au « feeling », au principe de plaisir.

Dans la majorité des cas, on trouve une combinaison de deux (60 %), voire trois préférences (30 %).

Bien que bâti sur des présupposés scientifiques contestés, ce test est d'une remarquable efficacité : il offre des perspectives de développement en donnant à visualiser les qualités qui sont en friche ou font l'objet d'un rejet.

Ce test donne **une photographie à l'instant T des préférences** de fonctionnement et des habitudes installées. Il n'est en rien révélateur de la personnalité ou du caractère.

Il est intéressant pour guider les élèves dans leur orientation ; il permet également d'élargir leurs compétences en les enrichissant de nouvelles stratégies.

Pourquoi des tests ? Pour classer les enfants ? Pour les orienter ?

Il est important de considérer les tests pour ce qu'ils sont, à savoir une photographie à un instant donné, décrivant une caractéristique du sujet et non son caractère ou sa personnalité.

Les tests de QI, inventés dans les années 1900 et refaits à la manière anglo-saxonne, sont devenus aujourd'hui un outil supplémentaire de sélection et d'orientation des enfants. Devant l'afflux de plus en plus important d'enfants dits « précoces », « surdoués » ou encore à « haut potentiel », l'institution tente de se protéger des demandes des parents par le passage obligatoire au QI. Sachant que ce test évalue le logico-verbal et délaisse les autres intelligences, on peut mettre en doute la validité de cette démarche.

Il est plus généreux de partir du principe que l'intelligence est éducable, que chaque enfant peut et doit être mis en situation d'exprimer toutes ses qualités. Les méthodes qui partent de ce principe ont l'ambition de faire découvrir à l'enfant les variétés de sa pensée et ses potentialités afin qu'il se libère non seulement d'une pensée unique mais surtout d'un cheminement obligatoire pour construire les savoirs.

Pour l'aider, l'enseignant, mais aussi les parents, doivent découvrir la multiplicité des qualités qui sommeillent en eux.

À retenir

Les parents sont au cœur même de ce qu'est le métier de pédagogue, en devenant conscients de leurs propres habitudes de raisonnement, de communication, de leur façon de traiter les sujets et les problèmes, en identifiant ce qu'ils préfèrent, ce qu'ils évitent.

C'est en s'interrogeant sur d'autres façons de faire et d'autres cheminements de la pensée, en multipliant les approches et les illustrations, et en donnant l'exemple qu'ils permettent à l'enfant de créer ses propres outils d'acquisition des connaissances.

Ce n'est qu'à ce prix que l'enfant avance vers son autonomie.

10 petits crimes contre l'intelligence des enfants

1. Hypertrophier la mémoire reproductrice aux dépens de la réflexion. Le principe du système, c'est la reproduction des modèles. Un jour, on montre aux élèves la carte des grands fleuves africains. Deux jours plus tard, on leur demande de la reproduire. On donne un problème en exemple pour que les élèves en résolvent d'autres similaires. Les heures de classe se passent à chercher la bonne réponse qu'attend le maître, alors qu'elles devraient être consacrées à penser, à entrer dans une démarche personnelle de constitution du savoir. Apprendre, ce n'est pas mémoriser des réponses mais chercher du sens.

2. Évaluer les élèves et les classer en permanence. Il semblerait que les évaluations n'aient pas été élaborées dans l'intérêt des élèves, pour le développement de leurs potentialités, mais plutôt pour la commodité qu'elles offrent dans l'organisation des sélections. De même pour la façon dont est utilisé le contenu des programmes. Il est plus facile de noter un exercice de maths ou de compter les fautes d'orthographe que d'évaluer un travail de réflexion, un exercice d'imagination. L'élève n'ose pas se lancer dans une pensée personnelle de peur de se tromper, de ne pas être dans le cadre scolaire et d'avoir une mauvaise note.

3. Laisser les élèves sans méthode, outils ni modes d'emploi face à l'apprentissage. On ne leur apprend pas ce qu'il faut faire pour être attentifs, pas plus qu'à utiliser des stratégies, travailler sur leurs erreurs ou s'interroger sur les raisons d'une réussite ou d'une difficulté. On ne leur donne pas en exemple le cheminement d'une réflexion. Toutes choses indispensables à un apprentissage heureux.

4. Adopter une pédagogie frontale, morceler le sens, émietter les

savoirs. Ne pas lier un cours avec le précédent, avec celui qui doit suivre. Ne pas faire de lien entre les matières. Morceler une matière en disciplines distinctes. Ainsi, la découpe du français : dictée, travail de rédaction, grammaire, conjugaison, lecture de textes, etc. Alors qu'un verbe hors contexte, décliné au passé simple, n'est d'aucune utilité à l'élève quand il doit l'utiliser. En maths, l'élève applique des algorithmes, déroule des automatismes mais ne s'exerce pas à transférer ses connaissances et à les étendre ailleurs.

5. Laisser l'élève dans l'ennui, vissé sur sa chaise pendant des heures. Surtout à la préadolescence où, plein d'énergie, il veut partir à la conquête du monde, curieux et impatient de l'univers des adultes. Pourquoi interdire de faire des stages et des expériences en milieu professionnel à cet âge alors qu'on apprend principalement en expérimentant, en faisant ?

Détacher le savoir appris à l'école du monde extérieur relève de ces « crimes contre l'intelligence ».

Les enfants dans la compétition

Beaucoup d'enfants ne savent pas s'amuser. Ils voient la vie en termes d'enjeux où la seule issue est la victoire ou la défaite. Pour corriger cela, il faudrait déjà que les parents abandonnent un certain vocabulaire guerrier : « Tu dois apprendre à te battre ! »

Le jeu n'est plus un divertissement, il est vécu par eux comme un enjeu.

Adoptons la distinction que font les Anglo-Saxons : le *play* est le jeu comme divertissement, le *game*, le jeu comme enjeu. Le créateur des Sims, Will Wright, a bâti un jeu où le « *game* » amène au « *play* ».

6. Laisser l'élève seul dans une compétition, à côté de ses camarades et non avec eux. Pourquoi ne pas faire de la classe un **lieu de collaboration** où on mutualise les bonnes pratiques qui permettent à chacun de participer et de trouver sa place ? En introduisant le partage d'expériences, les meilleures stratégies sont analysées, les erreurs sont dépénalisées, décortiquées, et la réussite de tous devient l'objectif de chacun. Ainsi, chacun se sent utile et valorisé. Nul ne doit être laissé sur le bord du chemin.

7. Ne pas faire en sorte que les élèves s'incarnent dans ce qu'ils apprennent. Apprendre, c'est, d'une certaine façon, s'incarner dans la chose, devenir ce que l'on apprend. Il n'y a pas d'acquisition de connaissances sans que s'opère en soi une modification, une transformation. Apprendre, c'est accepter de tout remanier dans sa tête pour que la nouvelle connaissance trouve sa place et crée un lien avec ce qui est déjà acquis.

8. Ne pas travailler avec les élèves sur le sens à donner à l'apprentissage, sur la construction intellectuelle et pas seulement scolaire, sur leur implication dans cette construction, sur le moteur de la motivation.

9. Ne pas laisser les enfants participer, en début et en fin d'année, au cheminement des programmes et à l'organisation de la vie qu'ils vont partager avec les adultes, sachant que le meilleur apprentissage, c'est celui dont on a débattu, tous ensemble.

10. Ne pas faire de la classe un lieu de parole, de recherche, mais seulement un lieu d'écoute. Ne pas pousser les élèves à la curiosité.

4

L'imagination au secours de la compréhension

L'imagination est plus importante que le savoir.

Albert Einstein

« Quelle est la couleur du cheval blanc d'Henri IV ? »

Voilà la question du jour de la maîtresse, qui a mis ce matin-là un joli chemisier noir. Avant même d'écouter la fin de la phrase, en entendant le mot « cheval », Luc a levé la main pour répondre : « Madame, Madame, c'est noir ! » Il n'a pas recréé en lui la fin de la phrase en se faisant une image dans la tête. Luc est un habitué de la réponse « flash », et son institutrice ne sait pas comment l'aider à modifier ce comportement qui le handicape dans ses apprentissages. À l'école ou à la maison, il a l'habitude d'entendre les mêmes injonctions : « Réfléchis avant de répondre » ou « Écoute quand on te parle ». Pour Luc, toute perception est l'occasion d'une réaction immédiate, d'un mouvement, c'est-à-dire du « non-pensé ». Il voit, entend et aussitôt réagit. Il est dans la perception / action.

Cet exemple montre que **le message perçu n'est pas le message reçu** par le cerveau. Il y a une différence importante entre la perception et la représentation telle qu'on se la fait. La représentation mentale est ce que l'esprit crée à la suite de ce qui est perçu par les cinq sens.

Dans un premier temps, on perçoit à l'aide de ses cinq sens puis, dans un deuxième temps, le cerveau recrée le message.

D'abord on perçoit, puis on « évoque mentalement » (on se représente) ce qui est vu, ce qui est entendu et, **seulement après**, on produit une réponse. Luc a sauté l'étape mentale, celle où l'on installe le message dans son esprit. C'est un instant décisif. Mais comme on est dans l'instantanéité (de l'ordre de la demi-seconde), on a des difficultés à décomposer ce mouvement de la pensée et à le faire découvrir à l'enfant.

C'est seulement dans cette phase que l'enfant peut comprendre ce qu'il lit ou ce qu'il entend. Ce qui est simplement perçu reste à l'extérieur de soi et ne peut pas devenir un objet d'attention, de compréhension ou de mémorisation. Le sens ne se trouve pas dans la perception mais dans la représentation mentale.

Beaucoup d'enfants ignorent que la réalité extérieure ne se recompose pas automatiquement dans la tête par le simple fait d'avoir les yeux et les oreilles grands ouverts. Il faut une intention de recréer ce que l'on voit et ce que l'on entend, autrement, on est dans un flot de perceptions fugaces. Celui qui laisse les choses passer devant lui sans rien saisir, sans prendre ni comprendre, laisse son esprit immobile, sans interaction avec le monde, sans possibilité d'une action sur celui-ci.

Se battre pour apprendre

« Je ne comprends pas » est sans doute l'une des phrases les plus fréquentes dans la bouche de l'enfant qui apprend. Il attend que l'enseignant ou ses parents lui expliquent sa leçon de physique, son exercice de grammaire ou encore son problème de maths, lui mâchent le travail et qu'il finisse par comprendre. Or l'enfant apprend mal ainsi. Apprendre, c'est être actif. L'enfant est dans l'effort de « défaire le nœud » jusqu'à ce qu'il puisse poser une question précise permettant au sens de se faire. Pour apprendre, l'enfant bataille jusqu'à arriver à un point où il bute et qu'il n'arrive vraiment pas à résoudre : alors la réponse donnée prend une place qu'il lui a faite. L'enfant a vraiment compris.

Recréer le monde en soi. Imaginer : mettre en images ce qui est vu, ce qui est entendu

Comment un exercice de création d'images fait découvrir à l'enfant la mobilité de son esprit, esprit que lui seul peut piloter pour apprendre et comprendre.

Imagine une voiture*, n'importe laquelle, une voiture que tu connais ou que tu inventes là, maintenant dans ta tête. Tu la vois sur ton écran mental ? Est-elle de face ou de côté ? Est-ce une voiture que tu as déjà vue… ?*

La plupart des enfants représentent une voiture qu'ils connaissent, au centre de leur écran. Elle occupe tout l'espace. Si l'enfant a du mal à visualiser, on lui suggère de se parler intérieurement et de décrire une voiture. Elle apparaît alors progressivement.

Essaye de la placer en haut, à gauche de ton écran. Que remarques-tu ?

Là aussi, pour la plupart, ils constatent que la voiture s'est rétrécie pour se loger dans le coin désigné. On suggère de la déplacer dans les autres coins pour voir s'il y a une différence de représentation.

Maintenant, tu imagines que la voiture tourne sur elle-même, dans un sens puis dans un autre. Elle se soulève au-dessus du sol, d'un mètre ou deux. Enfin, elle redescend et reprend sa place, au centre de ton écran.

Certains enfants ne peuvent pas faire bouger la voiture : « Il n'y a personne dedans » disent-ils, ou « une voiture ne peut pas voler ». Ils ont besoin d'un lien logique, de cause à effet, pour que leur imagination produise des images transformées ou inédites. À ce stade, on leur donne les éléments logiques réclamés afin de poursuivre l'exercice.

Tout en gardant la voiture sur ton écran, tu vas ajouter un bus puis un train. Et même une église dans une rue qui a plusieurs boutiques.

Là, les difficultés commencent : il faut caser tous les éléments, donner de la profondeur de champ, proportionner les véhicules, créer la rue et les bâtiments. Le train avec les rails est toujours relégué à l'arrière-plan.

Maintenant que tout cela est en place, tu imagines que ce morceau de ville se réduit tellement qu'il tient sur un plateau. Tu portes ce plateau d'une main et tu le poses sur une table.

Voilà achevée la première phase de l'exercice. L'enfant a fait exister dans son esprit l'image de tous ces éléments, et cela dans le prolongement instantané des mots entendus. Il a donc transformé du son (les mots) en images visuelles.

Le même résultat – création d'une image mentale – peut être obtenu si on montre à l'enfant la photo d'une voiture et qu'on lui demande de la mémoriser. C'est en la décrivant mentalement qu'il fait naître en image visuelle la voiture avec sa couleur, sa forme et tous les détails. Là aussi, c'est dans le prolongement des mots que l'image se constitue. Ce qu'il est important de faire découvrir à l'enfant, c'est bien la puissance de son esprit, qui « copie » mais aussi rend mobile, fait bouger, associe, combine ou transforme tout ce qui vient de ses sens. C'est le point de départ de la compréhension comme de la réflexion. Quand l'information n'est pas recréée en soi, elle reste extérieure et inerte. Pas plus l'intelligence de l'enfant que sa mémoire ne peuvent s'y exercer.

Anticiper son action pour mieux réussir ce que l'on a à faire

Une chaise par-dessus la tête. Voilà une autre expérience faite en classe qui a pour objectif de faire comprendre à des élèves d'une dizaine d'années l'importance des stratégies. Ils vont devoir se lever, se saisir de leur chaise, la soulever puis la poser devant eux, sur leur bureau. À eux d'agir comme ils le souhaitent, mais avec deux consignes bien précises écrites au tableau : faire cette action avec le minimum de gestes et le minimum de bruit. Il leur est demandé au préalable de prendre le temps de penser, d'anticiper ce qu'ils ont à faire. Après quoi, ils pourront se lever au signal qui leur sera donné. La plupart des élèves regardent l'enseignant avec étonnement, se demandant pourquoi attendre pour réaliser une chose aussi simple. Ils ne voient pas ce qu'il y a à préparer ou à répéter. Quand le signal est lancé, ils se précipitent, font du bruit, se cognent les uns les autres avec leurs chaises. L'exercice se termine par une lutte où les chaises peinent à trouver leur place, les élèves n'ayant pas évoqué la présence de livres, cahiers et crayons sur le bureau.

Parfois, dans un groupe, un enfant attend que les autres aient terminé leurs mouvements pour entamer le sien. Il a observé comment ils ont procédé et a réfléchi au fait qu'il n'y avait aucune consigne concernant la durée de l'exercice ni l'obligation de commencer en même temps que les autres.

Que se passe-t-il pendant la préparation, ce temps où les élèves doivent penser par anticipation à leur action ? Beaucoup se représentent visuellement la scène mais de façon globale, tout en commentant rapidement les gestes à faire. « Je me lève, je me tourne, je prends la chaise des deux mains et la place devant moi sur la table. » Certains ont pris la peine de décomposer plus précisément les mouvements nécessaires pour accomplir la tâche. D'autres ont observé le sol à leurs pieds pour vérifier que leur cartable ne les gênerait pas au moment où ils déplaceraient leur chaise. Quand on les interroge après coup sur leurs images anticipatrices, la plupart déclarent qu'ils n'ont pas du tout pensé à leurs camarades assis à côté d'eux. Même ceux qui se trouvent en bout de rang, avec un seul voisin. Très rares sont ceux à s'être demandé de quel côté faire leurs mouvements et si leurs voisins allaient le faire du même côté qu'eux.

Cet exemple montre ce que peut apporter un esprit mobile qui prend le temps de réfléchir, d'anticiper les possibles. En déroulant plusieurs scénarios alternatifs, on a l'occasion de choisir le plus efficace.

Le même exercice a été proposé à des équipes d'enseignants, avec souvent le même constat : sur l'écran mental, on ne voit que soi. L'autre, qui doit exécuter la même tâche, n'est pas présent. Son mouvement n'est pas considéré, pris en compte, alors que le cadre visuel devrait être élargi pour lui donner sa place. Pour réussir cette épreuve avec le minimum de gestes et de bruit, la « mise en images » de l'environnement immédiat est capitale. Certains enseignants ont été déstabilisés par le constat suivant : entièrement préoccupés d'eux-mêmes et par la tâche à exécuter, ils n'ont pas laissé de place dans leur raisonnement à la présence des autres.

Un jeu ayant pour objectif de **faire pratiquer l'anticipation à des enfants qui n'y sont pas habitués** a été testé dans des classes maternelles. On leur a demandé de se lever et d'aller, le plus lentement possible et avec le minimum de bruit, de leur place au coin lecture au fond de la salle. Bien évidemment, au premier essai, nombreux ont été ceux qui sont aussitôt passés à l'action. Après plusieurs tentatives, nous avons obtenu, avec l'enseignante, un ralenti quasi parfait de la classe et dans un silence impressionnant. La période de préparation a été l'occasion de repérer les enfants qui ne parvenaient pas à couper le contact avec le présent extérieur et à se retirer en eux pour simuler et anticiper le trajet qu'ils devaient faire. Or, ces enfants étaient déjà perçus comme ayant des « problèmes ». Ils n'arrivent pas à intérioriser parce que leur espace mental n'est pas libre ; mais, à cet âge, il est possible de les aider avant que ne s'ancre une mémoire de l'échec. Ces mises en scène du mouvement et de la pensée, grâce à leur côté ludique, se révèlent très efficaces dans ces cas d'empêchements à penser, en donnant aux enfants l'occasion de découvrir leur intériorité.

Pourquoi apprendre à anticiper ?

À quoi sert-il de posséder cette faculté qui simule, anticipe, avec une possible infinité de détails, des situations qui n'existent pas mais qui peuvent se produire ?

- Le premier bénéfice est de faire remonter à la conscience toutes les situations semblables déjà mémorisées, avec leur cortège de sensations et d'émotions. Cette relecture émotionnelle est riche d'informations pour le comportement futur.
- Le deuxième bénéfice est, par cette projection, de permettre de tester plusieurs possibilités, d'en analyser les conséquences. Plus l'imagination est prolifique, plus les choix offerts sont diversifiés et plus l'action a des chances d'être efficace.

Qu'est-ce que comprendre ? En quoi l'imagination peut-elle être une aide ?

Comment décrire la compréhension, cette faculté de l'esprit qui semble si évidente à tout le monde ?

En fait, rien n'est moins simple ! Parce que comprendre demande un temps d'aller-retour entre ce qu'on lit ou ce qu'on entend et ce que

Sans imagination, pas de mobilité mentale ni d'anticipation. On reste étranger au monde.

Romain est un élève dont les difficultés constituent un frein à son passage au secondaire. Il dit travailler mais semble peu motivé, un peu amorphe. Il suit le mouvement que l'on amorce mais ne montre aucune curiosité dans ses apprentissages.

Au cours du bilan de ses connaissances, on présente à Romain un triangle et un quadrilatère quelconque et on lui demande de nommer les angles aigus. « Il n'y en a pas », dit-il. Romain sait-il ce qu'est un angle aigu ? Oui, mais, pour lui, un angle aigu est formé de deux droites qui se coupent, ce sont deux traits, et l'angle n'appartient à aucune figure géométrique. Les angles aigus du triangle ou du quadrilatère sont tout simplement des angles.

Romain est un élève qui ignore qu'il doit mettre de l'imagination dans ses apprentissages. Il n'est pas dans l'imagination de la chose enseignée, ni dans celle d'avoir à l'utiliser, à la rencontrer ailleurs.

Lucie, une élève en dernière année d'école primaire, ne montre guère de curiosité, elle non plus. Interrogée sur les invasions barbares de la Gaule, elle ignore que c'est ainsi que s'est longtemps appelée la France. Pour elle, la Gaule est un pays dont a parlé l'enseignant, mais il n'existe plus et elle ne parvient pas à le situer sur une carte.

Ces enfants savent tous deux réciter leur cours mais ils sont privés de toute curiosité, de tout élan personnel qui permet la compréhension. Ils n'ont pas développé leur imagination, véritable dynamique de l'initiative et de l'anticipation. Ils sont restés enfermés dans la mémoire reproductrice.

l'on sait déjà, et que l'on a placé dans sa « boîte à acquis ». C'est de cette confrontation que naît la compréhension. Comprendre signifie prendre avec, prendre en soi. Les jeunes enfants doivent construire pas à pas les matériaux qui, une fois mémorisés, permettront l'accueil et la « *cum*-préhension » des connaissances nouvelles. Parfois le manque de références rend la compréhension impossible. Ainsi, les enfants qui n'ont jamais vu ou expérimenté une balance à bascule ou testé dans leurs mains le poids des objets ont des difficultés à donner du sens aux masses, à différencier hectogramme ou kilogramme. Ce n'est pas la balance électronique du commerçant affichant le poids du saucisson ou des carottes qui peut remplacer l'expérience directe et sensitive du soupesage des objets.

Quelle est la réponse classique à un enfant qui, à l'issue d'une lecture, dit n'avoir pas compris ? « Tu n'as qu'à relire. » Si, après une relecture, il revient sans avoir compris davantage, il se peut qu'un de ses parents lise à son tour, faisant acte de compréhension à sa place. Quand il s'agit d'explications orales, parents et enseignants répètent leurs explications, le plus souvent à l'identique, ce qui n'aide guère l'enfant.

La compréhension spontanée, qui ne pose pas de problème, s'effectue dans la simultanéité de la perception. L'enfant lit, le sens se construit pas à pas, grâce à des images ou à des mots qui n'ont nul besoin d'une représentation imagée pour être compris.

Cela se fait dans le flux de la conscience perceptive sans s'interroger, sans faire effort. Le sens est là, parce que les mots et leur signification ont été automatisés.

Quand la chose est plus difficile à comprendre, que, pour s'en saisir, il faut que la pensée travaille, l'enfant doit jeter des ponts entre l'inconnu et le connu, faire des allers et retours, en avançant par touches successives, jusqu'à ce que le sens finisse par apparaître. Ce travail essentiel est à peine effleuré en classe, quand il n'est pas tota-

Vocabulaire ou vocabulaires ?

La compréhension et la réflexion ont besoin de mots pour être actives. C'est l'essence qui fait marcher le moteur. Plus le vocabulaire d'un enfant est riche, plus il est à même de comprendre ce que dit l'enseignant, la leçon qu'il a à lire. La richesse du vocabulaire est de deux sortes.

Il y a les mots dont le sens est approximatif pour l'enfant, mais suffisant pour lui permettre de comprendre l'ensemble dont ils font partie : une phrase, un discours, une leçon, une lecture.

Mais ces mots, l'enfant ne sait pas les utiliser, ils font partie de son **vocabulaire passif.** Ils ne lui servent pas d'outils pour faire effort de compréhension, de réflexion. Ils ne lui appartiennent pas.

Il y a par ailleurs les mots qui appartiennent à l'enfant, qui font partie de son **vocabulaire actif.** L'enfant est à l'aise avec eux, il les utilise pour penser, réfléchir, s'exprimer et dérouler ses idées.

lement inexistant car considéré comme trop chronophage. En classe, on délivre un contenu, on n'explique pas comment s'en emparer. L'enfant ignore que c'est à lui de construire les matériaux et les outils permettant d'extraire (comme un mineur au fond de la mine) le sens d'un texte pour lui obscur. Ou d'être dans une **écoute active** quand l'enseignant parle. Pratiquer l'écoute active signifie que l'enfant n'est pas simplement en train de suivre ce que dit l'enseignant, prenant pour lui ce qui est d'un abord facile, mais qu'il est dans une tension souple pour un travail personnel de décodage de ce qui pour lui est difficile, obscur.

D'où l'importance pour les enseignants et les parents d'aider l'enfant, par un jeu de questions, à trouver en lui un savoir sur lequel prendre appui, afin de déclencher la fameuse « intuition du sens ».

On retourne aux acquis, à ce que l'enfant sait, et non à ce que l'on croit qu'il sait. On ne comprend qu'avec ce que l'on sait déjà. Ponts et passerelles permettent de relier le connu avec l'inconnu, et ainsi d'éclairer celui-ci.

L'outil privilégié pour la compréhension est l'analogie : « Ce que tu as à comprendre est différent de… » ou « Ce que tu as à comprendre est semblable à… ».

Du bon usage des métaphores

On peut classer les métaphores selon trois niveaux de complexité.

Les plus simples appartiennent au domaine du visuel, du descriptif : « À quoi cela ressemble-t-il ? »

D'autres passent par les autres sens (l'ouïe, le toucher…).

Les métaphores du troisième niveau, les plus complexes mais aussi les plus utiles, sont des métaphores fonctionnelles : « Que font de semblable ces deux choses ? »

Un autre outil intéressant est la métaphore, qui éclaire une notion abstraite, un concept nouveau en les amenant dans le concret. On part de ce que connaît l'enfant pour le hisser à la hauteur de la nouvelle connaissance. L'important, c'est de lui transmettre la technique de la métaphore afin qu'il soit lui-même le générateur des questions quand il tente de comprendre un inconnu. « Cela ressemble à quoi, que puis-je trouver de semblable ou de différent et dans quel domaine ? » Petit à petit des connexions se créent, et l'entraînement au questionnement développe le langage intérieur et la mobilité de l'esprit.

Aider l'enfant à décortiquer un texte complexe

Pour les enfants, la compréhension de la langue orale ne pose pas de problème tant que les mots leur sont connus.

Mais la langue écrite est beaucoup plus complexe pour nombre d'entre eux. À l'entrée au secondaire, 20 % ont une compréhension bien insuffisante des textes. Ils se heurtent dans cet exercice à des difficultés de décodage grammatical. Même la ponctuation, pour certains, est un obstacle à la cohérence.

Ces difficultés sont de trois sortes : il y a les inférences, les connecteurs logiques et les anaphores. Un enfant à l'aise avec les inférences sait construire des informations qui, sans figurer explicitement dans le texte, sont néanmoins essentielles, en faisant appel à ses connaissances personnelles et à ce qui est dit par ailleurs dans le texte.

Les connecteurs logiques, ce sont tous les mots qui marquent un rapport de sens entre des groupes de mots ou entre des phrases. Si l'enfant peine à donner du sens à *bien que, en outre, non seulement, de sorte que, du fait que*, etc., il est évident qu'il ne parviendra pas à faire le lien entre tous les éléments de ce qu'il lit. Il restera, en fin de lecture, avec des bouts d'information mais ne se sera pas emparé du sens.

Quant aux anaphores, ce sont ces mots, nombreux, qui en remplacent d'autres nécessaires à leur interprétation – ainsi les pronoms (*il, le sien, ce, en, y, qui, lequel*). Si l'enfant ne parvient pas à les maîtriser, il est bien entendu dans l'impossibilité de donner de la cohérence au texte.

Il y a des anaphores très complexes ; ainsi, quand une partie de phrase, voire une ou plusieurs phrases sont résumées par un mot : « Léon allait chaque année à la fête du village qui commémorait la fin de la guerre. L'*événemen*t… »

Comprendre un texte pour l'enfant en difficulté (souvent un enfant qui n'aime pas lire) se résume à en extraire des bouts de sens, comme autant d'indices, malheureusement insuffisants pour la cohésion de l'ensemble. Il faut donc l'aider à décortiquer le texte pour qu'il en ait une représentation cohérente.

Que veut dire « réfléchir » ?

Ce verbe, « réfléchir », est souvent utilisé dans une phrase de reproche ou d'injonction : « Mais tu n'as pas réfléchi, tu dis n'importe quoi ! », « Tu ne réfléchis jamais ! » ou encore « Réfléchis avant de parler ! ». Un reproche si fréquent qu'il s'est banalisé.

Amener un enfant à la curiosité

Amener un enfant à la réflexion, c'est tout d'abord lui apprendre à être curieux et à n'avoir pas peur de l'obstacle.

C'est le mettre souvent en situation de s'exprimer. De s'exprimer sur des sujets variés et qui l'intéressent. Là, on est dans le dialogue. On n'impose pas ses propres idées, on écoute les siennes et on l'incite à argumenter.

Amener un enfant à la réflexion, c'est lui apprendre que réfléchir, c'est autant se poser des questions qu'y répondre.

Réfléchir, c'est faire retour à ses connaissances pour étudier une question, une idée, un problème, en faire le tour et arriver au sens.

Pour réfléchir, il faut avoir mémorisé des acquis, passer par la compréhension et se servir de l'imagination.

Jusqu'en troisième, les élèves ne se trouvent pas souvent en situation d'exercer leur réflexion : on leur demande de mémoriser, d'être capable de restituer une connaissance, de comprendre. Quand on leur demande de réfléchir à un problème de maths ou à un exercice de grammaire, ce qu'on leur demande, en fait, c'est de savoir refaire un problème ou un exercice quasi similaire à ce qu'ils ont fait avec l'enseignant. Le travail de réflexion est très limité. Dès lors, certains élèves restent dans la mémorisation : ils copient un modèle. D'autres passent par la mémorisation et aussi la compréhension : ils ont compris le raisonnement qui mène à la résolution de l'exercice, du problème. Fort peu y ajoutent leur imagination et font un vrai travail de réflexion.

Réfléchir s'enseigne !

Si étonnant que cela puisse paraître, on peut apprendre à l'enfant à réfléchir. On le lui enseigne par l'exemple. Si on lui explique comment résoudre un problème, qu'on lui déroule la résolution, du début à la fin, de façon claire, il comprend probablement comment faire mais il n'en tire aucun véritable enseignement. Certes, il saura désormais résoudre ce type de problème mais il n'aura pas appris à réfléchir. Pour le lui apprendre, on se donne à voir au travail, on réfléchit à voix haute et l'on montre ainsi comment on parvient à la solution : tâtonnements, allers et retours entre ce qui est donné dans l'énoncé du problème et les acquis, hésitations, éliminations de fausses pistes en expliquant pourquoi. C'est en réfléchissant à voix haute qu'on permet à l'enfant de saisir ce qu'est une démarche de réflexion, d'en refaire d'autres. On ne lui livre pas une pensée tout faite, on lui donne des modèles de pensée. Et là est toute la différence.

On fait de même quand on lit avec l'enfant un texte difficile ou encore que l'on traduit une langue étrangère : on fait observer à quels mots on s'arrête, à quels indicateurs grammaticaux. On s'interroge à voix haute, on cherche, revenant sur une erreur que l'on aurait pu commettre, on explique pourquoi on choisit de traduire une expression d'une certaine façon et non d'une autre. On ne donne pas à l'enfant des traductions toutes faites, on lui montre comment on parvient au sens. Il apprend à s'interroger, à tâtonner. Il apprend même à se tromper et à en tirer des enseignements.

Pour accroître la compréhension des mots

Il y a l'enfant qui comprend le texte et tous les mots du texte.

Il y a celui qui comprend le texte bien qu'il ignore le sens d'un ou deux mots. Le sens de ces mots lui est donné par le contexte.

Il arrive aussi que l'enfant donne un sens erroné au texte ou que celui-ci lui résiste parce que justement il a des problèmes de vocabulaire et que le contexte ne l'aide pas pour se représenter un mot. Parfois, il y a trop de mots inconnus ou mal connus dans ce qu'il lit. Dans ce cas-là, il est souvent tenté d'inventer.

Ou encore, il se peut que l'enfant ait des problèmes de syntaxe, qu'il éprouve des difficultés avec les phrases quand elles ne se limitent pas aux « sujet, verbe, compléments ».

C'est la raison pour laquelle il est important, avant l'entrée au secondaire, de donner à lire à l'enfant des livres où la complexité soit bien dosée. Pas d'ouvrages trop faciles, privés d'une vraie langue. Pas d'ouvrages trop difficiles non plus, où la complexité de l'écriture et la profusion de mots inconnus seraient un obstacle trop important, le dégoûteraient pour longtemps de tout écrit.

L'énigme du Ver géant

Sur une planète lointaine, Zoé a découvert un ver de terre gigantesque. Il mesure 10 mètres de long et avance très lentement : 10 mètres à la minute. Pour arriver jusqu'à Zoé, le ver doit emprunter une passerelle de pierre au-dessus d'un précipice. Cette passerelle mesure 10 mètres de long. Question :

Combien de temps s'écoule entre le moment où le ver monte sur la passerelle et celui où il en descend ?

Que font les enfants face à ce problème ? Certains, au lieu de réfléchir, cherchent l'opération à effectuer. Une addition, peut-être ? 10 + 10 + 10 = 30. « Trente minutes », répondent-ils. Parfois, une opération faite au hasard par un enfant lui amène la bonne réponse. Mais quand on lui demande de développer son raisonnement, il en est bien entendu incapable.

D'autres se disent que le ver avance à dix mètres à la minute et, la passerelle mesurant dix mètres de long, affirment d'évidence que le ver met une minute ; et ils sont tout surpris d'apprendre que leur réponse est fausse.

Perception / action, impossibilité de se tenir un raisonnement, aucune mise en images de l'énoncé, stratégie inexistante, bref comment ces enfants n'échoueraient-ils pas à résoudre ce problème ?

D'autres enfants ont appris à évoquer, à réfléchir et mènent le problème à son terme. **Ils visualisent la scène et se parlent le déroulement dans le temps. Il y a un début et une fin car il est question d'un trajet.**

Ils imaginent le ver géant et se demandent à quoi il ressemble. L'imaginer vaguement ne suffit pas. Ils se disent : il mesure 10 mètres, 10 mètres de long. Alors ils le voient allongé, à l'entrée de la passerelle. Ils voient sa tête, suivent la ligne de son corps et aperçoivent, 10 mètres plus loin, l'endroit où il se termine. Une fois mis en place les éléments dans l'espace (ver et passerelle), il leur faut maintenant dérouler le temps puisqu'il y a un déplacement. Une minute pour traverser (la tête), plus une minute pour que tout le corps du ver ait quitté la passerelle.

L'espace et le temps entrent dans toutes les résolutions de problème. Entraîner les enfants à les manipuler les aident grandement en maths et dans les matières où les raisonnements sont indispensables. La logique passe par la prise en compte des causes et des effets, et celle-ci se manifeste par la création d'images et de discours. **Si ce niveau de compréhension n'est pas solidement ancré grâce à des exemples de la vie quotidienne, la pensée abstraite n'a aucune chance de se développer car elle n'a aucune assise.** Le vent se lève (cause), les voiles se tendent (effet).

Réussir la dictée : réfléchir, être concentré, faire appel à ses acquis mémorisés et surtout utilisables à bon escient

Voilà les compétences à mobiliser pour réussir une dictée.

Observons ce qui se passe dans la tête des enfants pendant cette fameuse épreuve.

Voyons le travail mental demandé aux enfants au cours d'une dictée. Exercice très délicat qui demande la maîtrise de plusieurs compétences, dont la connaissance de l'orthographe des mots et l'application des règles de grammaire. Il exige compréhension, réflexion, attention et mémorisation. Il y a dans la dictée un côté assez peu naturel car il faut reproduire des sons dans leurs formes graphiques et, à la limite, on pourrait se passer du sens. Mais, pour les règles d'accord, les images de sens ont de l'importance. Quand l'élève entend « les enfants chantent », l'image du graphisme du mot « enfant » doit aussi s'accompagner de l'image de la scène : il y a plusieurs enfants, donc accord au pluriel.

Dans la dictée, il y a d'abord la lecture du texte et son écoute silencieuse.

Prenons une phrase en guise d'exemple et décortiquons les différentes stratégies utilisées par les enfants. Il s'agit de : **« Les éléphants jouent dans la savane ensoleillée. »**

Voici ce que j'ai recueilli auprès d'élèves âgés de 9 ans.

La stratégie pour une dictée réussie

Orthographe d'usage : les élèves doivent, quand ils écrivent, visualiser les mots qu'ils ont correctement mémorisés en les analysant.

Orthographe d'accord : il est important qu'au moment de l'apprentissage des règles de grammaire, les élèves mémorisent en même temps le déclencheur qui leur permettra de les utiliser au bon moment. Car à quoi bon connaître par cœur des règles s'ils ne savent quand les retrouver dans leur mémoire, et s'ils ne se sont pas exercés à le faire ?

- À l'écoute de cette phrase, **une fillette a visualisé** dans sa tête une bande d'éléphants et un grand soleil dans un espace qui ressemble vaguement à une forêt. Elle fait comme elle en a l'habitude quand on lui raconte une histoire : elle voit les images.
- **Un enfant ne s'est pas fait d'images mais a réentendu** dans sa tête, en léger différé, chaque mot prononcé par la maîtresse. Il est attentif et concentré mais seulement sur le son. Les scènes n'étant pas représentées dans sa tête, il n'en aura pas le sens.
- **Un troisième a vu les mots importants s'écrire** dans sa tête. Il a, par un rapide commentaire, noté l'accord au pluriel « nom et verbe ». Il est concentré sur les difficultés qu'il va rencontrer au moment d'écrire.
- **Une autre élève s'est mise à épeler** le mot *éléphant*, difficile pour elle, avec un doute sur le h. Où est-il, ce h ? Elle écoute très mal la suite.

Planche 1. Ce qui se passe dans la tête des enfants pendant l'écoute de la dictée.

- **Un cinquième enfant a vu sa cousine**, qui vit en Afrique de l'Ouest, apparaître sur son écran mental…
- **Et le sixième,** en constatant une certaine accélération de son rythme cardiaque, **a imaginé le 0/20 en rouge** sur sa dictée et la tête mécon-

tente de ses parents. Il reconnaît une situation qu'il a déjà mémorisée comme douloureuse puisque chargée d'échecs passés. Il anticipe un futur désagréable avec ses parents. Il n'est pas dans le présent : il le subit.

Voici donc les différentes créations mentales élaborées dans la simultanéité de l'écoute de cette phrase. On dit, en termes psychologiques, qu'il s'agit du codage à l'issue d'une perception auditive.

Passons maintenant à la deuxième étape de la dictée. La maîtresse relit le texte et cette fois les enfants doivent écrire.

Ce qui se passe au moment où les enfants écrivent

L'élève qui a visualisé la scène en images. La même image d'éléphants revient dans sa tête. Quelle information contient cette image sur l'orthographe du mot « éléphant » ? Aucune. Revoir cette image ne lui donne pas d'information sur la graphie du mot difficile. Elle va écrire en phonétique et reproduire le son entendu. On trouve chez elle : « éléfans » car on lui a toujours dit d'écrire au plus simple, parfois ça marche… Elle peut mettre un s, « on ne sait jamais », se dit-elle !

Le deuxième enfant. Cet élève, on l'a vu, est dans le son, sans aucune représentation imagée. En se répétant ce qu'il a entendu, il peut écrire « zéléfant » et placer un « t » s'il raisonne : éléphanteau, éléphante… Mais rien n'est moins sûr.

Celui qui voit les mots. Lui a compris qu'il devait à la fois voir les mots dans sa tête quand il s'agit de reproduire l'orthographe exacte et également réfléchir aux accords. Il sait que les petits mots comme « les, mes, des, plusieurs… » doivent déclencher l'appel à la règle du pluriel. Il n'écrit pas, comme certains, « les éléphants joues ». Pour ces

Planche 2. Ce qui se passe dans la tête des enfants pendant la rédaction.

enfants qui n'identifient pas le verbe, on parle d'un défaut d'attention, alors qu'il s'agit d'un défaut de réflexion.

L'élève qui est dans le doute. On lui a dit : « Quand tu ne sais pas, essaye d'écrire le mot de plusieurs façons. » C'est vrai qu'une reconnaissance de la forme visuelle peut être utile mais cela prend du

Scandale en Suisse : des profs de maths proposent des problèmes à plusieurs solutions !

Afin d'aider les élèves qui étaient en difficulté en maths, certains professeurs eurent l'idée de mettre au point des problèmes acceptant deux solutions, voire plusieurs. L'important à leurs yeux était le cheminement mental des élèves, le travail réflexif mis en œuvre. L'expérience réussit pour certains, moins stressés du fait qu'ils pensaient avoir davantage de chances de parvenir au résultat puisqu'il y avait plusieurs solutions : ils prirent plaisir aux maths et commencèrent à avoir des résultats encourageants. Mais les « bons » en maths furent déstabilisés, ne comprenant pas pourquoi il n'y avait pas une « seule bonne réponse » à chercher. Les parents se mêlèrent de l'affaire et l'expérience s'arrêta net !

En Grande-Bretagne, on admet plusieurs chemins et plusieurs solutions pour résoudre un problème. L'élève est sollicité pour son travail de raisonnement, sa création propre, son originalité. Voilà un enseignement plus préoccupé de développer des formes différentes d'intelligence que de classer des enfants selon leurs résultats.

temps. Elle écrit au hasard, au petit bonheur la chance, et là, elle se trompe, elle place un *h* en tête du mot, puis un deuxième à sa juste place : *héléphant.*

Le rêveur, celui qui s'est absenté de la dictée, voit dans sa tête sa cousine jouer avec les éléphants. Comment écrirait-il sans faute ?

Il oublie le pluriel du verbe et le féminin de *ensoleillé.* Le scénario se densifie. Zorro est arrivé pour sauver la cousine soudain perdue dans la dangereuse forêt… La rêverie continue.

Le sixième, celui qui a peur. Perdu et désespéré, il aimerait bien écrire correctement le mot *éléphant* et aussi le mot *ensoleillé*, si compliqué. Le stress coupe tout retour à sa mémoire et empêche la réflexion. Il regarde désespérément à droite : peut-être son voisin va-t-il lever le bras qui cache ce qu'il écrit ? Il gribouille et fait un *f* qui peut être un *ph*. Il a hâte de sortir de cette situation qu'il subit.

Ce qui a été pensé par l'élève à l'écoute du texte se reproduit au moment de l'écrit

Il y a donc ceux qui visualisent le texte, se faisant les images utiles à la dictée ; ils évoquent le sens du texte et se tiennent un discours intérieur, s'interrogeant sur les accords, sur la classe des mots (nom, verbe…), recherchant dans leur mémoire l'orthographe des mots *éléphant* et *soleil* qu'ils ont mémorisée auparavant. Ils écrivent correctement le texte dicté par l'enseignant.

Après la dictée, **un dialogue devrait être organisé**, permettant aux élèves de parler de ce qui s'est passé pour eux pendant l'épreuve. Chacun détaillerait ce qu'il aurait observé, ce à quoi il aurait réfléchi ou non dit et ce qu'il aurait ressenti.

Cet échange permet aux enfants en échec de découvrir qu'ils ne sont pas seuls avec leurs difficultés, que d'autres bons ou moins bons ont utilisé de mauvaises stratégies qui ont mené à des fautes. Et tous les élèves se rendent compte que **la réussite d'une tâche n'est pas affaire de chance, de hasard ou de don. Il y a un mode d'emploi efficace et adapté à l'épreuve. Et c'est ce mode d'emploi qui conduit à de bons résultats.**[12]

12 La technique et le mode d'emploi de l'orthographe ont fait l'objet d'une vidéo démonstrative pour les élèves sur le site cancres.com et sont développés dans un précédent ouvrage, *Aidez votre enfant à réussir*, Hachette Éducation, 2006.

5
L'imagination sauvera l'école

L'enseignant prend une craie rouge et dessine un gribouillis au tableau. Il se retourne vers ses élèves et leur demande : « Qu'est-ce que c'est ? » Stupeur dans cette classe d'école primaire. Tous se regardent pour savoir si l'un ou l'autre a la réponse, celle que le professeur attend. Plus d'une minute passe quand, enfin, le plus audacieux lève la main et dit : « Monsieur, vous avez fait un point rouge sur le tableau. » Soulagement général, voilà une réponse claire et logique qui doit satisfaire l'enseignant. Ce jour-là, dans la même école, la même marque au tableau est faite dans une classe de maternelle, et les propositions diverses fusent de tous côtés : une merguez écrasée, un soleil de nuit, le sang de la craie, une casquette sans visière pour la plage, un bébé coccinelle.

Cette expérience, initiée par R. Von Oech, formateur en créativité, a été reprise avec le même résultat dans le cadre de mes formations d'enseignants au sein même de leur classe. Grande spontanéité et liberté d'expression chez les petits, prudence et conformisme frileux chez les plus grands.

Comment, en quelques années, des enfants ont-ils perdu imagination débordante et vivacité d'esprit pour se plier à un conformisme des plus stériles ? La règle est vite intégrée : deviner ce qui va satisfaire l'enseignant, rechercher en permanence la bonne et unique réponse qu'il attend. Tout débordement créatif, toute originalité ou tout ce qui pourrait sortir du cadre normatif est banni du comportement scolaire.

L'environnement scolaire est déterminant dans le formatage d'esprits où les idées personnelles sont gommées : il favorise une pensée et un comportement convergents. Les élèves s'appliquent à rechercher la bonne réponse et jamais une deuxième bonne réponse, jamais une idée qui ne leur est pas soufflée.

Les informations sont compartimentées et hiérarchisées, et on demande aux enfants une stricte reproduction des éléments mémorisés. La pensée divergente, celle qui s'exprime dans la créativité, n'est pas encouragée parce qu'elle ouvre à une multiplicité de réponses et de développements possibles. Ce qui, pour les enseignants, est loin de faciliter l'attribution de notes et les classements.

Les enseignants qui ont un impact positif sur leurs élèves

Les enseignants jouent un rôle majeur dans l'émergence ou non d'une pensée créative chez leurs élèves. Le chercheur américain A.J. Cropley[13] a répertorié les caractéristiques des enseignants qui ont un impact positif :

- Ils encouragent l'apprentissage indépendant et la recherche de bases solides avant de se lancer dans l'exploration imaginative.
- Leur cours favorise la coopération et non la compétition.
- Ils stimulent la pensée flexible et divergente. Les idées fantaisistes et farfelues sont sollicitées et bienvenues, dans un premier temps.
- Ils mettent de côté les jugements et prônent l'auto-évaluation.
- Ils considèrent avec sérieux toutes les idées et les suggestions.

13 Relaté dans l'ouvrage de Todd Lubart, *Psychologie de la créativité*, Armand Colin, 2003.

- Ils offrent de bonnes conditions matérielles dans des environnements variés afin que s'épanouissent plus facilement les idées riches.
- Ils aident les élèves à dépasser la frustration ou l'échec pour trouver l'énergie de persévérer jusqu'à l'obtention d'un résultat satisfaisant.

Accueillir toutes les expressions personnelles

L'imagination, la curiosité, la présence personnelle au monde, si elles ne sont pas favorisées à l'école, sont pourtant de la plus grande importance, non seulement pour l'enfant / élève, le jeune devenu adulte, mais encore pour la société dans laquelle il vit.

Au cours d'un entretien, Jacques Attali parle du rôle déterminant de l'enseignant dans l'accueil de toutes les expressions. À ce propos, il relate un souvenir personnel. Il était en primaire quand un élève peu doué, légèrement attardé même, et qui n'avait pas parlé depuis la rentrée a soudain posé une question. Il voulait comprendre pourquoi la lettre c du mot *second* se prononçait comme un g. Le silence se fit dans la classe, donnant à ce moment quelque chose de solennel. « Très calmement, le maître a interrompu son cours de maths et a répondu que cette question était non seulement sensée mais qu'elle était même très pertinente. Il a su ainsi sans élever la voix, sans discours inutile, nous apprendre le respect qu'on devait avoir de la parole de chacun[14]. »

Accueillir toutes les expressions personnelles, qu'elles soient sensées ou non, car de toutes on peut tirer un enseignement. Qu'aurait pu faire ce maître si la question posée n'avait pas été pertinente ? Le faire savoir à l'élève, le faire savoir à tous, et ainsi le (les) remettre dans les rails, interdire dorénavant toute velléité de réflexion et d'imagination ? Ou encore, interrogeant l'élève, comprendre le cheminement mental qui l'avait poussé à cette interrogation, trouver le point de départ et juger

14 *Le Monde*, supplément Éducation, 10 novembre 2010.

intéressante l'idée de ce parcours, ce qui aurait amené toute la classe à des réflexions, à d'autres interrogations. Il pouvait chercher à quel moment la logique avait fait défaut, expliquer pourquoi. Cet enseignant aurait alors fait avec ses élèves un travail combinant l'imagination et la logique, il aurait valorisé la curiosité et l'expression personnelle.

Inventer une histoire : imagination et logique

Inventer une histoire est un très bon exercice pour développer l'imagination. L'enfant doit chercher dans sa mémoire des éléments qu'il doit combiner et recomposer – personnages, lieux, situations. Il est là dans l'imagination.

Mais pour que son histoire ait quelque intérêt, il doit être cohérent avec ses personnages, structurer son récit, ne pas sauter du coq à l'âne, obéir à certaines contraintes de temps (*d'abord, ensuite, enfin*), de cause (*parce que*), de conséquence (*il s'ensuit*), de finalité (*pour, afin que*).

Voilà donc un jeu-exercice qui aide autant à assouplir la pensée qu'à entraîner à la logique.

Jeu-exercice à faire avec l'enfant. Chacun racontant son histoire, ou partageant une même histoire, ou encore inventant la fin d'un livre, d'un film.

Il existe des enseignants remarquables et imaginatifs, et il suffit parfois d'une seule rencontre au cours d'une scolarité pour que le destin d'un élève change et que, d'enfant « contraint » dans l'apprentissage, il devienne un enfant intéressé par le savoir et participant activement à sa formation intellectuelle.

Il y a aussi des parents attentifs à l'éveil de leur enfant, à la construction de sa personnalité, qui le suivent dans ses explorations, ne traitent pas de divagation toute pensée qui prend des chemins de traverse mais sont présents et encouragent l'enfant à naviguer au gré de sa fantaisie à l'intérieur d'un cadre qu'ils ont fixé et qui sert de garde-fou, de limites raisonnables.

Quel est l'enfant incapable d'imaginer ?

On imagine en partant du réel, de ce que l'on perçoit par ses cinq sens, de ce que l'on voit, que l'on entend, etc. Et ce réel, on le transforme, on le déforme, on y ajoute ou on en retranche quelque chose, on l'associe avec un autre pour faire du nouveau : cela peut appartenir au domaine des idées, de l'art, cela peut être un objet utile ou un objet mathématique. Or partir du réel, tous les enfants en sont capables. Le seul qui serait privé d'imagination serait celui qui aurait été isolé dès sa naissance, privé de toutes sensations, à qui rien n'aurait été donné à voir, à entendre, à toucher, à sentir. Cela ne se peut pas.

L'imagination oubliée des programmes

L'innovation, l'imagination créatrice ou la réflexion imaginative sont reléguées au rang d'activités périscolaires ou récréatives hors des murs de l'école.

L'école est prise dans des urgences dont elle a du mal à s'échapper. Elle doit enseigner les bases aux élèves qui lui sont confiés et se trouve confrontée à de nombreuses difficultés pour y parvenir. Alors comment pourrait-elle prendre le temps de leur apprendre à imaginer ? L'imagination est la grande oubliée des programmes. On se méfie de sa présence dans la tête des élèves quand elle se manifeste spontanément (« ils ont trop d'imagination ») mais on déplore aussi son absence quand ces mêmes élèves ont des difficultés de compréhension (« ils sont complètement dénués d'imagination »). Considérée comme « la folle du logis », on la rend parfois responsable des comportements inquiétants des adolescents. Elle est également le terreau de la rêverie vagabonde et de l'inattention au travail.

Importance de l'imagination dans la réflexion

Réfléchir, c'est penser avec logique et rigueur. Mais c'est aussi se servir de son imagination. L'enfant doit être capable de laisser parler son intuition, de prendre des chemins inexplorés, de tenter diverses approches, des rapports d'ordre lointain. Il doit les imaginer s'il veut avoir une réflexion riche et ne pas rester coincé dans des stéréotypes.

D'où l'importance de lui donner l'habitude de se servir de son imagination, dont la mobilité et la flexibilité qui font défaut à la mémoire reproductrice, celle dont on se sert principalement à l'école.

Pourtant l'imagination aurait un rôle majeur à jouer en classe. L'enfant aurait davantage de plaisir dans ses apprentissages, et l'école aiderait à son épanouissement et pas seulement à engranger des savoirs strictement scolaires.

De plus, le travail sur l'imagination développe des qualités autres que la logique, qui lui sont complémentaires. Quand l'enfant, dans un travail, ne parvient pas au résultat souhaité, il reste bloqué s'il n'a pas l'habitude de faire marcher son intuition, de vagabonder, d'être ouvert à d'autres possibles. Or cette disponibilité, cette flexibilité, qualités de l'imagination, viennent contrer au bon moment la trop grande rigidité de la logique et, ouvrant d'autres pistes que celle empruntée jusque-là par l'enfant, lui permet de reprendre le travail et de le mener à son terme.

Léna ou l'imagination qui conduit à la découverte du sens

Léna est une adolescente qui souffre dans ses études, surtout depuis son entrée au secondaire. Quand on l'interroge, elle répond par oui ou par non, ne sait pas justifier ses opinions et, quand on la pousse à s'exprimer, dit ne pas avoir d'idées. Le plus déroutant est que ce manque d'idées personnelles ne concerne pas seulement l'apprentissage scolaire mais des sujets qui pourtant l'intéressent vraiment, comme les rapports entre filles et garçons, le contrôle des parents sur Internet – thèmes dont elle écoute passionnée ce qu'on lui dit à leur propos.

Les séances de suivi, dans un premier temps, lui donnent assez de confiance en elle pour améliorer sa moyenne dans certaines disciplines. Elle finit par être à l'aise dans les exercices qui demandent de rester strictement dans un système de restitution. Mais elle continue à éprouver de grandes difficultés quand il s'agit pour elle de réfléchir ; ainsi, en français, répondre à des questions sur un texte, ou travailler sur des documents en histoire ou en géographie.

On entreprend alors avec Léna un travail d'imagination. Elle apprend tout d'abord à regarder vraiment (la rue, vue de la fenêtre), c'est-à-dire à détailler les passants, les voitures, le ciel ; ➡

Léna ou l'imagination qui conduit à la découverte du sens (suite)

➡ elle apprend à écouter ; et aussi à avoir conscience de ses ressentis. Puis elle apprend à transformer cette réalité. Elle change la couleur du ciel, lui donne des gris d'orage, défeuille les arbres. Léna est mise ainsi en position de voir le monde, de se l'approprier et de lui donner vie à sa façon, ce qu'elle n'avait jamais fait jusque-là. Léna prend peu à peu possession de son imagination. Elle exerce sa curiosité, elle commence à se poser des questions. Pourquoi cet homme s'arrête-t-il un moment avant de reprendre sa marche ? Pourquoi, à chacune de nos séances, la fenêtre d'en face est-elle fermée ? Quel est ce bruit de moteur proche mais assourdi ? Bientôt, Léna imagine des réponses à ses questions. Son imagination débloquée, c'est-à-dire la partie de son intellect la plus personnelle, il devient alors facile à l'adolescente de s'ouvrir à la réflexion.

Les lobes frontaux et le cerveau associatif

Existe-t-il une zone cérébrale de l'imagination ? Elle se situerait dans les lobes frontaux, cette partie du cortex qu'on est loin d'avoir entièrement explorée. Ce serait peut-être le siège de la conscience et de l'intention, aux dires des chercheurs en neurosciences, qui n'en ont pas encore la certitude. Une chose est sûre, c'est dans ce cerveau, le plus évolué, que se trouve la pensée associative, à l'origine de tous les comportements intelligents de la pensée.

Le cerveau associatif a la capacité de retourner dans le passé afin d'en tirer les fruits de l'expérience. Dans le même mouvement, il projette le présent (enrichi de l'expérience passée) dans un futur imaginé afin d'en tester la faisabilité ou l'intérêt. Ainsi, l'imagination anticipatrice propose une infinité de scénarios possibles afin de faire émerger le meilleur, c'est-à-dire ce qui convient le mieux à la tâche à réaliser ou à l'objectif à atteindre.

L'imagination est en puissance dans la tête de tous les enfants. C'est la belle endormie

Un exercice très simple montre que l'imagination est un don qui appartient à tous les enfants et que son développement dépend uniquement de l'entraînement. Les parents peuvent pratiquer facilement ce genre de jeu-exercice avec leur enfant en usant de leur propre imagination et peut-être aussi en retrouvant celle qui les animait au même âge.

On part d'une bouteille d'eau minérale en plastique. Objet usuel que tout le monde connaît et qui, n'étant pas particulièrement attrayant, ne semble pas au premier abord être un point de départ d'un travail sur l'imagination. L'enfant doit, dans un premier temps, reproduire mentalement la bouteille avec ses caractéristiques principales. Et pour cela se décrire ce qu'il observe, le détailler avant de vérifier la qualité de l'image. Manipuler la bouteille ajoute à l'information : sensation du toucher, contact pour apprécier souplesse ou dureté, le côté agréable ou désagréable, etc.

Cette opération réalisée, l'enfant a la possibilité d'agir sur la bouteille, qui est devenue mentale donc mobile.

Plusieurs consignes peuvent être données, comme, par exemple, de visualiser un changement de la forme de la bouteille. Elle s'agrandit, ou se plie et se déplie. L'enfant se livre à toutes sortes de modifications, une amélioration pour obtenir un nouvel objet, quelque chose qui le rendrait plus utile, par exemple. Ce peut être une innovation, un ajout original qui n'a encore jamais été pensé ou réalisé. Ou alors, on laisse à l'enfant le choix de pratiquer des transformations plus fantaisistes sans aucun souci pour l'utilisation première de la bouteille, sa forme, sa matière. On entre alors dans un registre plus artistique, sans finalité fonctionnelle. On cherche plutôt à détourner la fonction de la bouteille, à la placer dans un contexte inhabituel, à la combiner avec autre chose, à créer une fusion.

Les enfants, dans leur grande majorité, n'ont besoin que de quelques secondes pour « faire bouger » la bouteille et la modifier. Les moins entraînés se contentent de transformations évidentes, au plus proche de l'existant. Par exemple, guidée par une forme inductrice, la bouteille devient une fusée ou, la coupant en deux, ils obtiennent un entonnoir et un vase. Une forme en appelle une autre. Une association d'idées, c'est déjà de l'imagination, tout comme une modification. Et le simple fait de constater que l'objet a acquis une existence propre, que la pensée l'a rendu mobile est la preuve, s'il en était besoin, que tous sont « doués » d'imagination. **L'originalité des productions vient du désir, de la motivation et du plaisir d'inventer tout autant que de l'intensité des entraînements.**

Dans un premier temps, certains enfants n'arrivent pas à créer la moindre modification. La bouteille reste désespérément identique à elle-même. Ne se parlant pas dans leur tête, ils ne peuvent mettre leur pensée en mouvement et agir sur l'objet. Il est nécessaire alors de leur donner des inductions. On leur propose, par exemple, d'imaginer un éléphant marchant sur la bouteille ou toute chose aussi absurde et génératrice d'images. Que se passe-t-il ? Est-ce que la bouteille reste la même, alors ? On leur montre ainsi qu'en prenant eux-mêmes une initiative mentale, ils peuvent faire vivre à la bouteille de drôles d'aventures.

L'imagination implique l'enfant jusqu'à l'incarnation

Mais le plus étonnant est à venir. On peut franchir un pas de plus dans l'univers de l'imagination. En reprenant la bouteille, on propose à l'enfant d'imaginer qu'il devient la bouteille. Il est la bouteille. On lui demande ce qu'il voit, ce qu'il ressent.

On est là dans un **exercice d'incarnation**. La chose transforme l'enfant, il devient la chose tout en restant lui-même. C'est exactement le mouvement de pensée que les élèves devraient faire avec les connaissances qui leur sont enseignées en classe.

L'exercice est difficile, déroutant pour certains. Des enfants vivent fortement cette **projection mentale**, à tel point qu'ils ne supportent pas « d'être » un récipient clos. Alors, ils dévissent le bouchon. D'autres ne veulent pas être au contact de l'eau et, au préalable, vident mentalement la bouteille. D'autres au contraire se sentent bien, ayant incorporé la matière plastique et le liquide qui les emplit.

Quand les mises en perspectives visuelles ainsi que tous les ajustements de ressentis ont été réalisés, l'enfant peut commencer sa « vie de bouteille ». Il décrit la sensation d'être touché par celui qui se saisit du corps de la bouteille pour boire. Il se réjouit de voir l'assoiffé du désert se désaltérer avidement. Ou il imagine avec une certaine appréhension, à l'approche de la dernière goutte, son destin de déchet. Il reprend « goût à la vie » quand arrive le temps du recyclage et qu'il devient petits granulés dans le bitume d'une route de campagne aidant les pneus à mieux adhérer.

Cette possibilité inouïe qu'a l'esprit de se projeter soit dans un personnage, soit dans un objet, un principe, une idée, une fonction, représente une source d'inventivité infinie. « Et si j'étais un déterminant ou un théorème de maths, et si j'étais une bande de neurones cherchant synapses ? »

Cette projection de l'imagination est l'un des moteurs des découvertes scientifiques. Einstein se voyait chevauchant un flux de neutrons parcourant la galaxie à la vitesse de la lumière.

Investir son objet de recherche, en capter toutes les informations et tous les ressentis possibles, puis « revenir » dans l'enchaînement logique du monde pour décrire et organiser ces connaissances, tel est l'itinéraire des créatifs.

Inventer et découvrir : des stratégies à la portée de tous. De l'importance de raconter l'histoire des inventeurs et des inventions

Eurêka, disent les chercheurs, les inventeurs. Mais comment leur vient l'illumination ? À la base, on trouve toujours chez eux motivation, énergie, volonté de trouver quelque chose pour améliorer la vie. Puis, c'est d'un aller-retour entre ce qu'ils ont ressenti, élaboré dans le flou et ce qu'ils ont analysé et séquencé logiquement que jaillit l'idée.

Comment le stylo à billes a-t-il été trouvé ? Au départ, l'inventeur vivait une insatisfaction : il ne supportait pas le bruit de la plume grattant la feuille de papier. Et comme tous ceux qui innovent, obsédé par l'idée de découvrir ou d'inventer quelque chose, il était en attente, en recherche. Un jour, à la campagne, alors qu'il regardait un paysan tirant une brouette sur un chemin boueux, il a remarqué la trace laissée par la roue sur le chemin détrempé. « Quelque chose qui tourne tout en laissant une trace régulière… » Dans sa tête, les images se sont succédé : la roue se transforme en sphère qui, tournant dans un réservoir, se charge d'encre répartie de façon régulière sur le papier. Le stylo à bille était né, remplaçant les plumes Sergent-Major.

Inventer une machine qui n'existe pas

Les enfants, mis en situation d'imaginer une machine qui n'existe pas, arrivent à des résultats assez stupéfiants. Ils inventent une machine à programmer les rêves, une autre à faire les exercices de grammaire à la place de l'élève, une troisième utile à traduire les désirs des clients et à permettre ainsi au vendeur de les visualiser avec exactitude. Les enfants ne s'arrêtent pas à de vagues idées, ils imaginent le mode d'emploi de ces machines. Pour cela, ils mobilisent leur énergie, leur concentration, ils font des va-et-vient entre leur imagination et le concret, nécessaires pour matérialiser leurs idées.

Dans un premier temps, ces enfants peinent : ils n'ont jamais fait de travail où leur imagination a une place déterminante. Ils sont comme dans un refus mental. Et les exhortations à se laisser aller pour lister toutes les idées qui leur viennent n'ont guère d'effet sur leur motivation défaillante. Puis une première idée surgit, qui en entraîne une deuxième. L'autre difficulté est de mettre du réel dans ces esquisses de machine. Comment les faire fonctionner ? Quelles sont les pièces nécessaires, les rouages ? Quelle sera l'énergie utilisée ? Et la taille des machines ?

On se rend compte que ce travail d'invention, qui paraît hors de portée à la plupart des enfants, devient de moins en moins douloureux, au fil du temps et des machines inventées. Ils finissent même par s'y plonger avec grand plaisir et, motivés, mobilisent toute leur énergie, leur concentration. Ils font appel à leur intelligence et à leur savoir. Ils sont assez vite dans un grand état d'excitation et les idées qui leur viennent alors surgissent avec assez de facilité.

Cette excitation, ce plaisir sont ressentis par les inventeurs et les chercheurs à un moment de leur travail où, après des mois, voire des années de recherche, ils touchent au but.

Illumination et motivation

François Jacob, Prix Nobel de médecine pour ses travaux sur l'hérédité (avec A. Lwoff et J. Monod), décrit de façon remarquable comment sa découverte lui est apparue brutalement alors qu'il était au cinéma[15]. Les images de son laboratoire et de ses collègues ont pris la place de celles du film. Et il a revu le déroulement de leurs expériences récentes : « Affalé dans mon fauteuil, je perçois confusément

15 *La Statue intérieure*, Odile Jacob, 1987.

en moi des associations qui continuent à se former, des idées à cheminer ; tout un remue-ménage qui se poursuit sourdement, dont je ne songe même pas à maîtriser le déroulement… Je ferme les yeux, attentif à ce qui se passe d'extraordinaire en moi. Une brusque excitation mêlée d'un plaisir confus m'envahit. M'isole de la salle… Et soudain, un éclair. L'éblouissement de l'évidence. Comment ne pas y avoir pensé plus tôt ? » Les résultats des expériences dans le laboratoire montraient un processus commun que personne n'avait perçu auparavant. C'est en faisant ce lien, en ayant une vision synthétique, que F. Jacob a fait sa découverte majeure sur l'hérédité.

On voit à l'œuvre dans cette illumination le rôle essentiel du discours intérieur qui met en relation les images visuelles, le tout accompagné d'une excitation et d'une effervescence émotionnelles. C'est un peu comme si tous **les processus mentaux se mettaient en phase pour une production idéale, un fonctionnement optimal**.

Cela fait penser à l'expérience d'étudiants rédigeant leur mémoire, d'élèves préparant un exposé ou encore dans un travail de groupe, à leur expérience quand ils sont motivés. Ils sont plongés dans une profonde concentration car leur activité a du sens et ils sentent qu'ils vont la mener au but. Ils savent qu'ils ont les compétences nécessaires, même si par ailleurs leur travail est une sorte de défi en raison de l'investissement demandé, des efforts qu'ils ont à faire mais qu'ils ne ressentent pas alors comme vraiment pénibles. À un moment, parmi les idées tirées directement de leur cours, d'Internet, de leurs connaissances personnelles, parmi les réponses à leurs questionnements, à leurs recherches, des idées surgissent comme venues d'on ne sait où, apparemment sans effort conscient, sans qu'ils l'aient voulu. Mais aucune idée ne surgit sans y être invitée. Ces élèves, ces étudiants sont totalement présents à leur travail. Il se fait en partie de façon inconsciente et émerge soudain au conscient. Et les voilà qui exultent : ils ont trouvé une idée intéressante, « géniale ».

Pour que l'activité scolaire soit motivante, il faut que l'enfant ait :

- **Le sens de ce qu'il fait**. À quoi ça sert d'apprendre ?
- **La connaissance des moyens nécessaires** pour accomplir les tâches demandées. Aussi est-il essentiel de lui décrire les méthodes pour réussir une tâche. Tout comme détailler comment l'on procède soi-même, le chemin emprunté. L'exemple offert stimule la réflexion, donc la découverte.
- **La connaissance de soi, utile pour piloter son attention et sa réflexion**. La connaissance de soi renforce l'estime personnelle : l'enfant devient conscient de ses points forts et de ses points faibles.

Des états de conscience qui incitent et prédisposent à l'imagination créatrice

Dans les instants si particuliers d'illumination, il semblerait que les créateurs soient dans un **état altéré de conscience**.

Les images hypnagogiques

Entre veille et sommeil, dans ce moment si rare où le discours intérieur s'interrompt, apparaissent un flot d'images hors de toute logique, telles les images hypnagogiques. On raconte que Salvador Dali les traquait juste avant d'entamer sa sieste, une cuillère à la main pour que sa chute sur le sol, au moment de l'endormissement, le réveille et lui permette de se souvenir de ces images folles qui auraient traversé son esprit. De quoi peindre ensuite de nombreuses montres molles !

Les yeux fermés, plongé dans une totale obscurité, on change de rythme cérébral au bout de quelques minutes. On passe des ondes de la vigilance (les yeux ouverts) aux ondes alpha qui conduisent à ces états remplis d'images et de sensations. Il est plus facile de les atteindre quand le cortex visuel n'est plus en train d'analyser la moindre trace de lumière. L'état recherché est semblable à celui de la relaxation.

Des techniques pour être créatif. Pour produire des idées originales, l'enfant passe de l'intuition à la logique.

- L'enfant ne se critique pas dans la première phase de recherche et d'expressions car c'est le moment le plus délicat. Quand vient une idée, il ne dit pas : « Ça existe déjà, c'est nul, ça ne sert à rien, on connaît, ça ne marchera pas… » Les parents, eux aussi, s'abstiennent de critiquer ou de relever le côté peu réaliste des propositions faites par l'enfant. Ils le soutiennent et le stimulent pour encore plus de fantaisie.
- Il laisse venir les idées les plus folles et pratique l'association d'idées, l'une rebondissant sur l'autre.
- Il applique à ce qu'il a trouvé des actions diverses, comme agrandir, rétrécir, mettre à l'envers, combiner avec autre chose.
- Il utilise les analogies.
- Il s'incarne dans les idées, les anime avec son corps.
- Il change de contexte.

Une fois terminée la phase brouillonne et foisonnante de la pensée divergente, l'enfant passe à la phase convergente. Il analyse, soupèse chaque idée trouvée afin d'évaluer son intérêt par rapport à l'objectif de départ. Dans cette phase, les parents ont un rôle constructif en discutant avec leur enfant du sens et de l'intérêt de chaque proposition.

Aux USA, Linda Williams a utilisé avec des enfants et des enseignants la technique du voyage imaginaire, qui est certainement le moyen le plus efficace pour produire des idées créatrices et originales. Ce professeur de l'université de Berkeley a introduit en pédagogie le « film multisensoriel ». Les enfants sont plongés dans un état de relaxation. Des textes courts leur sont lus lentement afin qu'ils puissent créer des évocations mentales. **Les mots se transforment en images qui déclenchent sensations et émotions**. À la fin du récit, on demande aux enfants de le poursuivre intérieurement et on leur laisse le temps nécessaire pour ces évocations créatrices.

On peut pratiquer cette activité en famille comme un **jeu créatif** comportant quantité de fantaisies et de surprises. On propose à l'enfant de faire l'exercice les yeux fermés afin d'avoir une meilleure visualisation. On commence par des récits simples, sans contenus émotionnels trop forts, pour éviter que les images ne déclenchent des souvenirs et des associations d'idées perturbateurs.

Le voyage imaginaire au service de l'apprentissage et de la découverte

L'imagination est un outil qui permet de jouer avec le temps (se transporter au temps des croisades ou un mois plus tard, le jour d'un examen) ; de jouer avec l'espace (visiter la Chine ou la forêt équatoriale) ; de grandir (devenir un volcan) ou de rapetisser (devenir un atome). Sans limite, elle permet toutes les expériences que dans la réalité on ne pourrait pas vivre, dont **l'incarnation, grâce à laquelle on devient tout ce que l'on évoque**.

Grâce au voyage imaginaire, l'enfant peut se rendre à l'intérieur de la terre et comprendre ainsi la vie qui frémit sous ses pieds, le mouvement des plaques tectoniques, les volcans et les tremblements de terre. Cette compréhension, qui passe par une expérience personnelle, est très motivante car elle engage l'enfant. Il peut voyager à l'intérieur d'un arbre, suivre le trajet de la sève des racines au bout des feuilles. Il vit des aventures qui l'impliquent infiniment plus que s'il écoutait tout simplement les cours donnés par l'enseignant ou s'il lisait une leçon. Et du fait qu'il est impliqué, motivé, il mémorise facilement et pour longtemps.

Un roi, une reine, un château : comment ne pas sombrer dans la banalité avec un tel sujet ?

Donner à des élèves un sujet de rédaction aussi bateau que celui d'une histoire à trois personnages principaux, un roi, une reine, un château, peut être l'occasion de les amener à un **véritable travail d'imagination**.

Que se passe-t-il avec ceux qui n'ont eu pour consigne que de raconter une histoire avec un début, un milieu et une fin ? Après un temps de cogitation, ils partent de l'image d'un château tout à fait classique. Il apparaît spontanément dans leur tête, vu de face comme sur une banale carte postale : pont-levis et tour de garde. Quant aux personnages, le roi et la reine, ils sont évoqués tels qu'ils ont été aperçus maintes et maintes fois dans les livres de contes ou d'histoires pour enfants. Les élèves n'ont plus qu'à dérouler deux ou trois scènes, dont un combat avec un envahisseur quelconque mais très méchant, pour les garçons. Quant aux filles, elles se lancent pour la plupart dans des histoires sentimentales qui se terminent par « ils se marièrent et eurent beaucoup d'enfants ». On est en plein stéréotype que les enseignants déplorent au moment de la correction.

Comme on apprend avec tout son être, c'est avec tout son esprit et tout son corps que l'on crée une histoire originale. On peut, pour aider les enfants à davantage d'imagination, leur faire la proposition de **s'impliquer totalement** dans les scènes créées. On leur demande de les vivre ; après quoi, on donne des indications pour les décrire.

L'exercice peut se faire les yeux fermés pour améliorer la visualisation, comme dans le voyage imaginaire.

Exemple d'une mise en images : technique du scénariste

« Tu vois sans doute le château de face, comme sur une photo ? Tu vas maintenant te projeter à cinquante mètres de hauteur, juste au-dessus du château. Tu regardes ce qui s'y passe. Tiens, que voit-on là, en bas, à droite ? Un homme tire un cheval, des menuisiers dressent une grande estrade dans la cour. Puis tu décides de scruter l'environnement à partir de ta position en altitude. Que vois-tu au nord ? Un village au loin – une grosse fumée est d'ailleurs visible. Maintenant, tu portes ton regard au sud. Là, au bout d'une plaine, on distingue les rivages de l'océan. Une flottille de petits bateaux semble se diriger vers le port. Pourquoi ? À l'est, des montagnes et quelques vignes et, à l'ouest, des cavaliers qui se dirigent vers le château.

Vas maintenant dans les appartements du roi. Il s'habille. Tiens, il met un jean à pattes d'éléphant. Tu verras après si tu gardes cet élément qui précise l'époque. Et chez la reine ? Elle parle à voix basse avec un homme étrange qui dit être son frère. Peut-être y a-t-il un lien avec les cavaliers et l'arrivée des bateaux ?… »

Une fois que l'enfant a installé le décor et donné un peu de vie à ces éléments de scène, il peut décider le genre de récit qu'il veut écrire : de l'humour, du drame psychologique, du fantastique, du policier… Il peut également combiner deux genres s'il en a envie : fantastique et humour, par exemple. Une fois ce choix fait, il se projette dans les différents lieux pour voir ce qu'il advient des éléments déjà posés. Peut-être est-il intéressant de saisir la conversation secrète entre la reine et son vrai-faux frère ?

Voilà donc le début d'une construction d'histoire avec en permanence la possibilité de **modifier, transformer, adapter** en fonction d'éléments apparus spontanément. Et l'enfant n'a toujours pas commencé à écrire une ligne, contrairement à la majorité des enfants qui se précipitent pour écrire « Il était une fois… ». Dès qu'une image se présente à leur esprit, ils l'écrivent et cherchent, par association d'idées, la suivante. Plus ils avancent dans leur écriture, plus le champ créatif se réduit, moins ils peuvent faire preuve d'originalité. Leur texte est une traduction en mots de cinq à six images. Ils ne se sont ni projetés ni incarnés dans les personnages et les scènes pour exprimer sentiments et ressentis. C'est froid, distant et plat. **L'enfant qui apprend à utiliser toute la puissance de projection de son esprit en retire un intense plaisir. N'est-ce pas ce qui se produit quand il s'investit entièrement dans un jeu qu'il a lui-même choisi ?**

Pour créer, faire du nouveau, on doit partir du connu mais s'en extraire. On se sert des premières images comme d'une plate-forme pour rebondir plus loin, dans l'inconnu, son inconnu.

Comment faciliter le déclenchement de l'imagination

Pour débrider l'imagination et rendre l'exercice plus facile, on introduit un élément qui ouvre immédiatement à la fantaisie : un roi, une reine et une soucoupe volante, ou encore un roi, une reine et un marsupilami. On peut également faciliter le travail de l'imagination en forçant un trait de caractère, en caricaturant. Ainsi, on imagine une reine si pleine de colère qu'elle ne cesse de hurler sur le roi, sur son peuple, contre elle-même quand elle n'a personne à qui s'en prendre et que, ce faisant, elle jette par les fenêtres tous les objets qui lui tombent sous la main. On imagine alors que le roi, presque ruiné et lassé de racheter vases, miroirs, balais et tabourets, a engagé des valets qui courent tout autour du château pour récupérer en plein vol ce que jette la reine. On imagine alors cet étrange ballet. Ou on choisit un château si minuscule qu'il ne possède en fait que deux

Objet-jeu pour enfants en âge d'apprendre à lire et à écrire

Les tourniquets

Cet outil propose un ensemble d'objets en bois où figurent des mots, découpés en syllabes, autour d'un même son s'écrivant de différentes façons (ex. an, en, am, em). Un moyen d'illustrer quelques règles d'orthographe que l'enfant peut assimiler en jouant, selon son propre rythme. Ce matériel a été élaboré pour sept sons différents, chacun d'eux étant identifié par une couleur.

Invention de Justine Jiménez-Cueto qui a eu cette idée au cours de ses études de design, lors de son stage dans une classe de primaire alors que rien ne la destinait à s'intéresser à la pédagogie. Son envie de créer des objets utiles à la société et à l'école a été le moteur de son imagination.

pièces, l'une où vivent le roi et la reine, et l'autre où s'entassent tous les trésors et les meubles du palais ; les serviteurs, à chaque heure du jour et de la nuit, passent leur temps à déménager et à emménager le lieu que ne quittent jamais le roi et la reine. Ils donnent ainsi à cette demeure naine l'apparence d'un vrai château dont on ne peut compter les chambres tant elles sont nombreuses. Partant de là s'ouvrent bien des pistes pour inventer une histoire.

Se projeter, les yeux fermés, avant de commencer un travail

La même technique est utilisée pour apprendre à se concentrer ou pour anticiper une série d'actions futures, par exemple celles de la journée ou de la semaine à vivre. L'enfant peut également se repasser le film de ce qu'il a vécu, pour en tirer des informations. Ce moyen est très efficace pour récupérer des messages ou des sensations auxquels il n'aurait pas vraiment prêté attention. Cette pratique ne peut s'exercer que pour un passé proche, pas plus de vingt-quatre heures, après quoi, tout s'efface. L'enfant guide sa pensée en se parlant dans la tête – évitant cependant de trop « mentaliser » – et laisse parvenir à sa conscience des informations passées inaperçues. Un ressenti vient souvent confirmer une ébauche d'intuition.

Apprendre à l'enfant à imaginer sa séance de travail avant de la commencer induit concentration et efficacité. Si, de plus, il se parle les durées de chaque action (cours, révision, exercices...), il se rend compte qu'il travaille plus rapidement. **Celui qui n'évoque pas le temps a toutes les chances de tomber dans la distraction ou le vagabondage mental.**

Pour une école innovante

À voir exploser le nombre de sites construits et animés par des enseignants, on peut raisonnablement espérer qu'un jour tous les petits ruisseaux de l'innovation deviendront un fleuve puissant, capable de rénover l'école. On pense aux pédagogies alternatives ou aux écoles pilotes qui, pour le moment, restent à l'état d'ébauche sans que leurs bonnes pratiques soient mutualisées à l'ensemble du système.

On pense également aux écoles en Grande-Bretagne, où la créativité est largement répandue dans tous les programmes et où, dans

Une journée d'école réussie : un élève en 2050

8 h. Réveil. Échauffement. Étirement. Toilette et petit déjeuner.

8 h 45. Prise d'infos : « le monde, ce matin », puis connexion avec son groupe. Mise au point du travail personnel. Visualisation de sa journée.

10 h. Arrivée en classe (30 élèves et 2 enseignants / personnes ressources). Le rôle des enseignants est de transmettre, coordonner et organiser le travail en grand groupe et en ateliers (6 sous-groupes de 5 élèves).

Dans chaque groupe, les responsabilités sont tournantes : responsable documents, responsable compte rendu, responsable planning, responsable « caillou dans la chaussure », etc. Une fois par semaine, l'élève et son groupe participent à la préparation du repas.

12 h. Déjeuner dans le calme. Activités libres ensuite.

13 h 30. Détente, relaxation ou sieste pour ceux qui le désirent.

14 h. Début des ateliers manuels en alternance avec les activités artistiques et sportives. Ces ateliers sont dirigés par des professionnels.

Une fois par semaine : travail chez un artisan ou dans une entreprise (métiers au choix). Une fois par semaine : activités avec des retraités, à l'intérieur ou à l'extérieur de l'école.

16 h. Mise au point du travail personnel. Entraînement des compétences transversales (attention, mémoire, réflexion, imagination…). Auto-évaluation, reformulation et synthèse des acquis du jour. Visualisation du programme du lendemain. Échanges avec le tuteur du groupe.

17 h. Retour à la maison. Jeux, temps libre, recherche d'information, échange en réseau, échange avec des élèves plus âgés etc.

les matières scientifiques, le lien entre la résolution de problème et le développement de l'imagination est constant.

On ne peut ignorer ce que dit le généticien François Taddei, auteur d'un rapport sur l'éducation pour l'OCDE [16]. Depuis le XVIIIe siècle, les publications scientifiques sont cent fois plus nombreuses tous les cent ans, d'où il est évident que les connaissances acquises par un étudiant sont vite dépassées. Personne ne peut désormais maîtriser seul un savoir. « Le système le plus performant sera celui qui forme les meilleurs autodidactes. En clair, **l'école doit apprendre non pas des savoirs, mais à rechercher de l'information en utilisant les nouvelles technologies, à la critiquer, à la synthétiser et à produire de l'information en réseau**. »

Quelques principes de l'école du futur

Travail collaboratif intense. Participation des élèves à l'élaboration des programmes et à la vie de la collectivité scolaire. Approche questionnante à tous les niveaux. Stage rémunéré (épargne) à partir de 10 ans. Pas de notes avant 13 ans. Pas de redoublement. Voyage et expérience à l'étranger chaque année. Et du temps pour s'ennuyer…

Il semble donc urgent de créer une école qui développe chez les enfants cette compétence : chercher de l'information signifiante et utile pour se construire et agir dans le monde de demain. Un système qui ne base pas uniquement son enseignement sur l'intelligence logique mais laisse place à l'intelligence divergente, celle qui

16 « Former des constructeurs de savoirs collaboratifs et créatifs ».

explore les chemins de traverse. Qui ne dédaigne pas les expériences innovantes.

Les enseignants innovants, les enseignants en mouvement

Chaque année, le Café pédagogique organise le forum des enseignants innovants et attribue des prix aux projets les plus originaux.

- **La lecture numérique :** le conte des *Trois petits cochons*, reformulé par des élèves de maternelle avec leurs propres phrases, est ensuite sonorisé avec tous les bruitages correspondants. Ceux-ci sont créés en classe par le corps des élèves et tout ce que l'on peut trouver à l'école. Pour les bruitages manquants, on utilise une banque de sons. Le coût : zéro euro ! On aboutit à un livre audio en fichier mp3 entièrement réalisé par les enfants. **Création, invention, incarnation : on est en présence d'un processus parfait d'apprentissage.** Il est évident qu'un tel projet devrait se faire aussi en primaire et au secondaire. (Philippe Ducreux, école de Champvans)

Au cours de l'après-midi, les enseignants :

- travaillent en équipes sur les productions des élèves,
- avancent dans leur recherche personnelle et suivent leur programme de formation continue,
- ont des rendez-vous avec les parents, qui participent souvent à la vie de l'école.

- **Les rencontres intergénérationnelles :** Monique Argoualc'h (Brest) anime une classe relais avec des élèves présentant de grosses difficultés et des problèmes de comportement. Elle a eu l'idée de leur faire transmettre un savoir informatique aux pensionnaires d'une maison de retraite qui n'avaient jamais ouvert un ordinateur. Pour réaliser cet objectif, ces jeunes, qui avaient une piètre opinion d'eux-mêmes, ont reçu une formation de formateurs et ont réalisé un travail de préparation sur Internet. Les voilà « enseignants », actifs, utiles et revalorisés !

- **La chasse aux marques** de produits utilisant des termes grecs et latins. Robert Delord (Die) a lancé ses élèves à la recherche de près de 1 200 références de marques venant de l'Antiquité et se retrouvant dans la grande distribution, comme la batterie Fulmen (foudre, en latin), le 4x4 Koleos (étui, fourreau, en grec) ou encore le parfum Antaeus (un dieu grec). Faire découvrir l'actualité des langues anciennes en engageant les élèves dans un véritable travail de recherche technique et scientifique, on ne peut rêver mieux pour montrer le sens d'un apprentissage. Une bonne façon aussi de répondre à la question classique : « À quoi ça sert, ce qu'on apprend ? »
- **L'utilisation de Twitter** (sur le portable de la maîtresse) pour une communication entre des enfants de primaire et leurs parents au cours d'un voyage scolaire afin de les familiariser avec le réseau tout en leur transmettant un code de bon usage. À la demande des enfants, l'expérience s'est poursuivie avec d'autres twittclasses, à Bombay, au Québec et en Belgique.

Conclusion

L'enfant épanoui

Un enfant qui s'ouvre, se construit, invente et agit en pleine conscience de lui-même, des autres, du monde. Un monde qui est déjà le sien.

« **Rappelle-toi** qu'il ne te coûte rien de t'arrêter de temps à autre à regarder les taches sur les murs, la cendre du feu, les nuages, la boue ou autres choses semblables. Si tu les **observes**, tu trouveras des idées merveilleuses qui éveillent l'imagination du peintre à de nouvelles inventions telles que des scènes de bataille, des animaux et des hommes, ainsi que diverses compositions de paysages et de choses monstrueuses, diables et autres, qui seront à ton honneur car dans les choses confuses le génie s'éveille à de **nouvelles inventions**.

J'ai aussi constaté qu'il était très profitable, lorsqu'on est dans son lit dans l'obscurité, d'**imaginer**, en se les répétant, les traits superficiels des formes déjà étudiées, ou d'autres choses dignes d'intérêt que l'on aura comprises par de subtiles spéculations. Ce procédé est en effet éminemment louable, car il sert à confirmer notre **mémorisation** des choses. »

Léonard de Vinci (1442-1519)
Le Traité de la peinture

« Dans les choses confuses, le génie s'éveille à de nouvelles inventions. » Il s'agit d'observer, de faire exister le monde extérieur à l'intérieur de soi. Et de prendre du plaisir à cette exploration car elle est source de motivation et de connaissance. On dit connaître les choses « de l'intérieur ».

Dans ces mouvements de la conscience pour se saisir du sens, l'enfant initie très tôt sa **multisensorialité**. Regarde-t-il de façon distraite les objets qu'il manipule ou est-il en plein travail d'absorption ? C'est la naissance de l'attention, focalisée sur les formes, les visages, les expressions. Il n'y a pas de rupture entre le nouveau-né qui cherche à capter le monde à travers tous ses sens, enregistre les résultats de ses actions, qui scrute, sur le visage de ses parents, les signes des émotions, de la joie, du plaisir ou de la tristesse, et l'enfant qui utilise le geste puis la parole pour agir sur son environnement. Son action, c'est déjà la construction de son futur et, étant spontanément ouvert à son avenir d'homme ou de femme[17], il active la mémoire de tout son vécu.

L'enfant imite, interagit, joue à faire semblant et finalement se synchronise avec l'adulte. Il apprend de tout ce qui vit autour de lui. Il essaie, évalue, s'adapte et cela bien avant de posséder le langage. Il aime la répétition comme une confirmation de ce qu'il a déjà appris bien qu'il ne puisse le formuler.

---

17 *Les parents croient élever des garçons et des filles alors qu'ils élèvent des hommes et des femmes.* Didier Dumas, psychanalyste et écrivain.

Parent, on ne peut que s'émerveiller de ce que l'on observe de son enfant, de ce que l'on vit avec lui, de ce feu d'artifice permanent qui crée à chaque seconde des connexions de neurones et les renforce pour valider la pérennité d'un apprentissage.

Un cerveau qui reproduit le monde extérieur sous forme d'images, de mots et de sensations, une mémoire omniprésente qui permet de répéter les expériences gratifiantes et d'éviter celles qui ne le sont pas. Pour bâtir du meilleur.

Accompagner le développement et l'éveil de toutes les intelligences de l'enfant ne nécessite aucunement une surstimulation permanente, une hyperéducation. Il faut plutôt chercher à comprendre et à ressentir ce qu'il vit et ressent dans l'instant. Cela demande un réel investissement de temps et d'énergie. Il faut être capable de lâcher les préoccupations du passé immédiat ainsi que les incertitudes ou les échéances du futur proche pour partager avec l'enfant ce présent surabondant de sens.

On devient chercheur et apprenti. On découvre son métier de parent. On est curieux quand l'enfant est curieux. On s'étonne quand il s'étonne. Que se passe-t-il dans sa tête ? Pourquoi a-t-il du mal à comprendre, à apprendre, « à prendre en lui » ? Pourquoi le fait de réfléchir lui passe-t-il au-dessus de la tête ? Pourquoi reste-t-il scotché devant ses écrans, et l'oreille soudée à son téléphone ? Comment l'intéresser à la lecture ? Qu'est-ce qui l'intéresse ?

Comment motiver l'enfant à l'autonomie et l'éveiller à la constitution de son génie propre ?

Il n'y a pas deux cerveaux identiques au monde, même chez des jumeaux : la mémoire du vécu est personnelle.

La façon la plus spontanée d'éveiller l'enfant à ses intelligences est celle de l'exemple. On peut exiger de l'enfant qu'il laisse pour un temps ses jeux vidéo, qu'il s'attaque à un livre, fasse un effort sur un projet si on lui montre l'intérêt que l'on a à lire, à réfléchir, si l'on montre du plaisir à entamer quelque chose de difficile, et la patience nécessaire à y arriver.

On crée une étincelle de désir chez l'enfant si on a soi-même des projets, si on se lance dans des activités qui apportent des satisfactions. L'enfant est attentif aux actions de ses parents, à leurs comportements, à leurs valeurs qui font souvent l'objet de débats plus ou moins sereins à la maison.

La motivation fait partie de l'intime. Elle s'ancre au plus profond de soi. Mais si les parents ne s'offrent pas comme modèle, si, dans la famille ou parmi les amis, il n'y a pas cette personne ressource et si, de plus, ce que l'enfant apprend en classe ne fait pas sens, il y a peu de chances qu'il naisse à son propre mouvement, à son autonomie.

Le cerveau limbique est sans doute le centre des motivations : étant le cerveau des émotions, il n'est pas rationnel et reste peu sensible aux discours. Il ne sert à rien de démontrer à l'enfant l'importance qu'il y aurait pour son avenir à mettre plus de conviction à apprendre ses maths ou encore à réviser en vue d'un diplôme ultérieur. Même s'ils sont objectivement raisonnables, ces arguments n'ont aucun sens pour lui. La motivation n'est en aucun cas une réponse à un désir ou à un commandement extérieurs. Elle n'est pas sensible à une argumentation logique mais elle l'est aux gestes, aux intentions, au comportement de l'adulte. D'où l'intérêt de donner en exemple sa propre motivation.

Un élément est déterminant dans la construction de l'avenir d'un enfant, dans sa capacité naturelle à se représenter dans un futur heureux, à s'anticiper agissant utilement dans le monde, et cette conviction est au cœur de tous les parents qui ont désiré un enfant : **il est**

essentiel qu'ils croient dans ses possibilités. L'enfant ne demande alors qu'à être accompagné.

Accompagner, c'est passer par l'éducation de la pensée, la découverte par l'enfant de son intériorité. Quand il prend conscience de ses stratégies et de ses habitudes mentales, qu'il sait comment faire pour mémoriser, comprendre et réfléchir, il vit des réussites dans son travail, réussites qui lui donnent du plaisir. Et il cherche à les répéter, comme en un enchaînement vertueux.

Il n'existe aucun enfant qui n'ait envie de réussir. Ceux que l'on dit paresseux en ont autant envie que les autres. La motivation est plus difficile à susciter dans leur cas car, ayant souvent accumulé des retards, ils ont plus que d'autres l'impression qu'ils échoueront.

La motivation dépend de nombreux facteurs : image de soi, valeur attribuée à l'apprentissage, sentiment d'y exercer un contrôle, objectif, besoins, préférences, projection de soi dans le futur.

Pour motiver l'enfant, il ne sert à rien de lui donner systématiquement des tâches faciles, parce que c'est fausser la donne. À un moment ou à un autre, il se trouvera confronté à ce qui lui demandera une vraie participation : **concentration, réflexion, effort**. En outre, si n'avoir à se mesurer à rien peut le satisfaire dans un premier temps, il n'est pas vraiment dupe. Pour que cela marche, l'activité doit certes avoir des chances d'aboutir mais il faut aussi qu'elle requière certaines compétences, qu'elle l'absorbe totalement ; sinon, il ne s'implique pas.

Un présent de qualité, une présence consciente

Être disponible à l'enfant semble une attitude simple et naturelle mais ce n'est pas aussi évident qu'il y paraît. Pourtant la portée de cette présence est déterminante pour son développement.

Il existe un rapport entre la naissance au conscient de l'enfant et le présent mental de ses parents. Ce présent ne concorde pas forcément avec le présent vécu, qui est du domaine de l'action. Ce qui importe en fait, c'est la disponibilité, la qualité de la présence à l'enfant. L'accompagner dans sa croissance, c'est être en harmonie avec lui, partager le plaisir et l'émotion qu'il a à grandir. **C'est être dans une communication vraie**.

C'est faire prendre conscience à l'enfant qu'il est unique et que, pour cette raison, il a le devoir de se construire, d'exercer sa réflexion et son imagination, afin de se faire une place dans le monde, *sa* place.

Le présent partagé avec ses parents l'amène à la conscience de son importance. Et de celle de ses actes.

Suivre le chemin tracé par l'école, en accepter les règles et les rigidités sans se compromettre ni renoncer à sa créativité, son originalité, son génie propre, tel est le défi de l'enfant.

Un enfant épanoui

- C'est un enfant curieux.
- C'est un enfant stimulé mais sans excès.
- C'est un enfant élevé dans un milieu ni rigide ni laxiste. Bienveillance et rigueur lui servent de guides.
- C'est un enfant qui apprend à se connaître, aidé par ses parents.
- C'est un enfant qui peut expérimenter, faire des tentatives nouvelles sans avoir peur de se tromper. Il sait analyser ses erreurs, elles ne sont pas vécues comme des échecs.
- C'est un enfant qui communique dans le présent avec des parents qui ne projettent pas devant lui un futur fermé, angoissant.
- C'est un enfant aimé à qui l'on prête un avenir.

Annexe
Tests pour apprendre à mieux se connaître

Conçus et mis au point par Varinia Oberto©

Nous n'avons pas un goût prononcé pour les tests en général car ils ont tendance à plaquer des étiquettes sur les enfants et ne les incitent guère à se questionner vraiment.

Si néanmoins nous proposons quelques tests ici, c'est parce qu'ils prétendent moins déterminer que permettre un questionnement sur la façon de fonctionner de l'enfant et sur ses habitudes mentales, habitudes qui sont prises très tôt à l'école et au sein de la famille. En prendre conscience pour, non les changer quand elles sont efficaces, mais les améliorer, pour les adapter aux tâches proposées tout au long de la scolarité. Ces tests suggèrent également des pistes de travail, d'autres façons d'aborder l'apprentissage.

Ils ont pour seule ambition d'aider l'enfant à mieux se connaître afin de savoir piloter son cerveau. Et si ce questionnement permet d'ouvrir le dialogue parents / enfant, alors, au regard de tout ce qui a été décrit dans cet ouvrage, la présence des tests ici a un sens.

1- Quand je pense, que se passe-t-il dans ma tête ?

Que se passe-t-il dans ma tête quand je dois décrire

– une personne ?

– un paysage ?

Que se passe-t-il dans ma tête quand je dois me rappeler

– une conversation ?

– un air de musique ?

Que se passe-t-il dans ma tête quand je dois raconter

– un film ?

– un livre ?

– une histoire dont on m'a parlé ?

– quelque chose qui m'est arrivé ?

Comment fais-je pour me souvenir

– de l'orthographe d'un mot ?

- d'une adresse ?
- d'une leçon ?
- d'une poésie ?
- d'une définition ?

Comment fais-je pour

- comprendre un énoncé ?
- appliquer une règle de grammaire dans un exercice ?
- résoudre un problème de mathématique ?
- chercher des informations dans un texte ?

Que se passe-t-il dans ma tête si je dois

- inventer une histoire ?
- faire un dessin tiré de mon imagination ?
- construire un objet ou le bricoler ?
- inventer une chanson ou un poème ?
- imaginer un pas de danse ?

Résultats

– Si tu n'as pas compris exactement ce que l'on te demande dans ce test, ou si tu éprouves des difficultés à répondre à ces questions, c'est que jamais tu ne t'es posé de questions sur ta vie mentale. Si tu veux vraiment être performant, il faut que tu analyses ce qui se passe dans ta tête quand tu réussis un travail, ou quand tu es en échec.

Il faudrait que tu sois attentif, la prochaine fois que tu inventeras une histoire ou que tu apprendras une leçon d'histoire, à la façon dont les idées te viennent, à la façon dont tu as mémorisé la leçon. Tu peux aussi interroger tes parents. Ils pourront peut-être te décrire leur mode d'emploi. Mais attention, cela ne veut pas dire que tu dois forcément faire comme eux.

– Si tu as su répondre à la plupart de ces questions, c'est que tu connais bien ta vie mentale. Tu sais ce qui se passe dans ta tête quand tu penses, quand tu mémorises, que tu travailles sur un énoncé.

Mais que se passe-t-il dans la tête quand on pense ?

Les cinq sens envoient en permanence des informations au cerveau : on voit, on entend, on sent… on ressent, même. Aussi, débordé, on ne prend pas le temps de s'observer. On a rarement conscience des images qui s'impriment dans la tête, des mots qui résonnent en soi comme un écho, on n'est pas attentif au discours que l'on se tient. On ne décode pas les émotions qui traversent en permanence notre conscience.

L'important est d'apprendre à observer ce qui se passe dans la tête pour savoir piloter sa pensée, pour devenir performant, pour travailler avec plus d'efficacité.

Une chose est de regarder, de lire, d'entendre ; une autre est de l'enregistrer de le traduire en mots et en images, et de le retrouver quand on en a besoin, dans sa mémoire.

Ce qu'on lit, ce qu'on entend ne se reproduit pas forcément de façon fidèle dans le cerveau. Chacun traduit à sa manière selon les circonstances, selon le travail, selon les matières abordées.

Les images mentales (photos, dessins, mots) et le discours intérieur que l'on se tient sont nécessaires non seulement pour mémoriser mais encore pour comprendre, réfléchir et même pour imaginer.

2- Les cinq sens + un

Peux-tu voir un visage de bébé ?

... une cabane ?

... la chambre d'un copain ?

Peux-tu entendre une voix connue ?

... une voix inconnue ?

... une sirène de pompier ?

... la sonnerie du téléphone ?

... les aboiements d'un chien ?

Peux-tu imaginer ce que tu ressens quand tu touches du sable ?

... une fourrure ?

... du velours ?

... du marbre ?

Peux-tu imaginer l'odeur d'un parfum ?

... de la mer ?

... d'une violette ou d'une rose ?

... de l'essence ?

... de la terre mouillée ?

Peux-tu imaginer le goût du citron ?

... du chocolat ?
... du poisson ?
... du sel ?

Peux-tu imaginer les sensations de ton corps quand tu marches ?

... quand tu cours ?
... quand tu crispes tous tes muscles ?

Peux-tu imaginer les sensations de ton corps quand tu entres dans l'eau ?

... quand tu as des fourmillements ?

Résultats

– Si tu as réussi à imaginer beaucoup de ce ce qui t'a été suggéré, tu sais utiliser tes cinq sens. Pense à les utiliser quand tu imagines une histoire, quand tu décris une scène.

– Si tu as eu des difficultés, sache que voir une image dans sa tête ou entendre un son imaginaire, cela s'apprend. C'est une question d'entraînement, d'habitude. Prends quelques minutes pour « regarder » et non pour voir, pour « écouter » et non entendre. Ne te dis pas que le ciel est bleu. Est-il d'un bleu uniforme ? Quel bleu ? Y a-t-il des nuages ? Quelle est leur forme ? Sont-ils gros, petits ? Paraissent-ils légers ou lourds ? Sont-ils immobiles ou en mouvement ? Avancent-ils alors à la même vitesse ?

Concentre-toi sur les nuances de la couleur du ciel, des nuages, sur les différences de lumière. Puis ferme les yeux et retrouve le ciel dans ta tête. Ouvre les yeux, compare.

Essaie de réentendre dans ta tête, juste après les avoir écoutés, les voix de tes proches (aiguës, graves), leurs intonations, leur rythme. Réentends un rire, le bruit d'une porte qui claque. Remarque bien la distance entre ces bruits et toi. Tu écoutes un son, tu fermes les yeux et tu tentes de retrouver son écho dans la tête. Vérifie, quand le son se reproduit, que l'écho est semblable.

Entraîne-toi avec tes autres sens. Tu manges un gâteau au chocolat juste sorti du four. Essaie peu après de retrouver toutes les sensations éprouvées alors. Pour cela, remarque l'odeur qui flotte dans la cuisine, la densité du gâteau dans lequel s'enfonce ta cuillère, analyse le goût.

3- Suis-je créatif ?

1. J'aime apporter une amélioration aux objets que je bricole.
2. Je modifie des recettes de gâteau, j'en invente.
3. Quand je dessine, je préfère imaginer que copier selon un modèle.
4. Lorsque je repense à un film, à un livre, je leur imagine une fin différente.
5. Je change les règles des jeux.
6. Quand je chante, j'invente des paroles.

7. En m'endormant le soir, j'adore me raconter des histoires pas du tout réelles.
8. J'aime me déguiser avec ce que je trouve à droite, à gauche, j'aime faire des masques.
9. Quand je vois des gens qui me sont inconnus, je leur invente une vie, j'imagine leur maison.
10. Dès que l'on me parle du centre de la terre, du fond des océans, de la vie sur d'autres planètes, aussitôt mon esprit s'anime et j'imagine des tas de choses.

Note chaque affirmation

0 jamais
1 pas souvent
2 souvent
3 toujours

Résultats

– Si tu as moins de 10 points, tu n'as pas conscience de tes possibilités créatrices, or chacun de nous peut les développer. Comme on muscle son corps en faisant de la gymnastique, on peut muscler son imagination.

Pose-toi souvent des « comment » : Comment a-t-on mesuré la circonférence de la terre ? Comment peut-on savoir ce qu'il y a au fond des océans, là où personne n'est jamais allé ? Tente de répondre à ces questions en te servant non seulement de ce que tu connais mais aussi de ton imagination. Invente d'autres fins aux films que tu vois, aux livres. Imagine que ton cou s'allonge démesurément et que tu te trouves tout à coup la tête dans les nuages, ou imagine-toi avec une dizaine de bras : que se passe-t-il alors dans ta vie de tous les jours ?

– Si tu as entre 10 et 20 points, tu te sers de ton imagination, mais pas aussi souvent que tu le pourrais. Peut-être penses-tu n'être pas vraiment doué ? Pourtant tu éprouves du plaisir lorsque tu crées. Sache que plus on crée, plus on a d'idées. Autre chose : quand on veut être créatif, il faut laisser venir toutes les idées sans les juger et ne faire aucune critique négative de ses réalisations…

– Si tu as entre 20 et 30 points, tu es un créatif. Tu ne t'ennuies pas souvent dans la vie. Tu trouves toujours des idées, quelque chose à faire. Mais as-tu pensé à te servir de ton imagination pour apprendre une leçon ou une règle de grammaire ?

4- La leçon

Quand on m'interroge sur une leçon d'histoire, de géographie, de biologie,

1. Je revois des images de la leçon, pas celles du livre mais plutôt celles que je me suis faites à la lecture du cours.
2. Je revois les pages, les mots du livre. Je revois les titres écrits en grosses lettres. Je retrouve les dessins, les photos du livre.
3. Je me souviens des mots avec lesquels je me suis expliqué la leçon, avec lesquels je l'ai apprise.

4. Je réentends la voix du professeur, ce qu'il a dit du cours, ou encore la voix de ma mère qui m'a aidé à apprendre la leçon. Je réentends les explications, les précisions qu'elle m'a données.

Note chaque affirmation

0 jamais
1 pas souvent
2 souvent
3 toujours

Résultats

– Si tu as davantage de points en 1, tu préfères mémoriser grâce à tes propres images intérieures, celles que crée ta pensée, celle que tu dessines dans ta tête. Tu t'impliques dans l'apprentissage. Attention pourtant, les images ne sont pas suffisantes. Apprends à te poser des questions, à expliquer ce que tu lis avec des mots, tes propres mots. Essaie de réciter tes leçons à voix haute pour vérifier que tu peux décrire tes images mentales.

– Si tu as davantage de points en 2, tu ne t'impliques pas dans les images qui te servent à mémoriser. Même si tu travailles et penses apprendre ta leçon, tu restes dans une compréhension superficielle.

Si tu essayais de te faire des images mentales personnelles de ce que tu apprends ? Et si tu te parlais avec ta voix intérieure comme si tu expliquais – à quelqu'un d'autre – ce que tu lis, ce qu'il y a dans tes leçons ? Quand tu les sais, prends l'habitude de réciter tes leçons à voix haute, ainsi tu vérifieras que tu trouves les mots pour décrire tes images.

– Si tu totalises plus de points en 3, tu te parles souvent, tu te tiens un monologue intérieur, tu commentes les événements, tu apprends tes leçons en te les expliquant avec tes mots. C'est génial pour la compréhension. Mais comment fais-tu pour mémoriser une carte, un dessin, un schéma ? As-tu pensé à les décrire pour qu'ils se dessinent dans ta tête ?

– Si tu totalises plus de points en 4, c'est que tu entends une voix intérieure qui n'est pas la tienne. Tu réentends les accents, les paroles prononcées par les autres. Même si tu le crois, tu ne t'impliques pas beaucoup dans l'apprentissage. Et si tu tentais parfois de glisser ta voix parmi celles-là ? Que penses-tu de ce que tu as lu ? Comment expliques-tu cette leçon ? Quelles sont les idées principales à retenir ? As-tu lu ou vu ou entendu parler de quelque chose à quoi tu peux raccrocher cette leçon ou un de ses éléments ?

As-tu pensé que tu pouvais photographier les cartes, les schémas ? Avant de les mettre en images dans ta tête, imagine que tu les décris à quelqu'un qui ne pourrait pas les voir.

5- Lequel de mes cerveaux travaille le plus souvent ?

1. a Je règle la sonnerie de mon réveil et je me lève généralement à l'heure.
   b Je suis souvent en retard sans le vouloir.

2. a Mon cahier de texte est bien tenu à jour.
   b Mon cahier de texte contient des dessins que j'ai faits, tous mes leçons et devoirs n'y sont pas indiqués forcément
3. a J'organise mon travail pour ne pas être bousculé au dernier moment.
   b Je fais mon travail sans tenir compte d'un planning
4. a Pour comprendre, j'ai besoin de définitions, de règles de grammaire.
   b Pour comprendre, j'ai besoin d'exemples.
5. a Je préfère apprendre exactement ce qui est écrit
   b J'aime apprendre la leçon en vagabondant dans le cours, en regardant les images
6. a J'aime avoir un plan précis de la leçon.
   b Je préfère aller d'une idée à l'autre, je n'aime pas les plans.
7. a Je n'apprécie pas le travail de groupe car je n'arrive pas à me concentrer quand il y a du bruit.
   b J'aime le travail de groupe. Ce que je dis aux autres, ce qu'ils me disent m'aident à travailler agréablement.
8. a En contrôle, je travaille plutôt lentement mais je tiens compte de l'heure.
   b Je travaille vite mais le moindre bruit, le moindre mouvement me distraient. Je ne prête pas attention à l'heure.
9. a Mes cahiers sont bien tenus. Je respecte la présentation exigée par le professeur.
   b Même si mon travail est bon, j'ai du mal à suivre les consignes strictes des professeurs sur la largeur de la marge, le nombre de lignes, les espacements.
10. a J'interviens en classe après avoir organisé ma pensée.
    b J'interviens en classe au gré des idées qui me viennent

Résultats

Si tu as répondu plus de oui en « a », tu fais davantage travailler ton cerveau gauche. Tu es réaliste. Tu aimes les citations et les formules, tu apprécies la compétition, le mot précis. Le raisonnement t'aide à trouver des solutions.

Tu peux être performant, mais ne te manque-t-il pas un brin de fantaisie, d'imagination ? Quelques exercices de créativité apporteraient un peu de souplesse à ton cerveau et tu n'en serais que meilleur.

Si tu as répondu plus de oui en « b », tu fais davantage travailler ton cerveau droit. Tu es impulsif. Tu aimes les discussions, les images. C'est grâce à ton intuition et à ton imagination que tu comprends, le plus souvent. Tu travailles au feeling.

Attention toutefois à l'ordre, à la rigueur, à la précision qui te manquent. Ils sont parfois extrêmement utiles dans les études. Un conseil : intéresse-toi particulièrement aux jeux de logique.

6- Que fait mon corps quand j'apprends ?

1. J'éprouve le besoin de toucher les choses, les objets nouveaux.
2. J'ai besoin de bouger mes doigts pour faire des opérations.
3. Je fais semblant d'écrire pour retrouver l'orthographe d'un mot.
4. Serrer la main d'une personne, la toucher ou l'embrasser me donnent l'impression de pouvoir la connaître.

5. Quand j'apprends un mouvement de gymnastique ou de danse, j'ai besoin de le sentir dans mon corps. Je sens, avant de faire ce mouvement, mes muscles en action.
6. J'aime modeler, sculpter, faire de la poterie.
7. Je parle avec mes mains quand je raconte une histoire, cela m'aide à trouver mes mots.
8. J'aime marcher pieds nus.
9. J'ai fait (ou j'aimerais faire) du mime.
10. Je n'aime pas travailler assis. J'ai besoin de bouger souvent. J'aime apprendre mes leçons en marchant.

Note chaque affirmation

0 jamais
1 pas souvent
2 souvent
3 toujours

Résultats

– Si tu as moins de 10 points, ton corps ne t'est pas vraiment utile pour apprendre. Mais attention : si tu veux être performant dans un sport, si tu veux faire de la danse, de la gymnastique, il te faut être davantage à son écoute.

– Si tu as entre 10 et 20 points, ton corps pourrait venir en aide à ton cerveau pour apprendre, pour comprendre. Tu peux apprendre tes leçons à voix haute, les étudier en marchant dans ta chambre de long en large (le rythme de la marche entraîne celui de la pensée). Tu peux, pour mémoriser l'orthographe d'un mot, faire semblant de l'écrire. Dessine à main levée les figures géométriques pour les étudier. Dessine des cartes en géographie, en histoire, dessine des croquis en biologie.

– Si tu as plus de 20 points, ton corps t'est d'une aide indispensable pour apprendre. Marcher pour donner du rythme à ta pensée, faire des gestes pour mimer et ainsi mieux mémoriser, raisonner à voix haute. Mais attention, le corps ne peut remplacer le cerveau. Tu devrais te parler davantage avec ta voix intérieure, te poser des questions sur ce que tu lis, sur ce que tu entends. Tu devrais te faire davantage d'images mentales en lisant tes leçons d'histoire, de biologie, etc.

7- Ai-je confiance en moi ?

1. Quand je suis avec des amis, je reste silencieux.
2. Quand j'entreprends quelque chose, je crains souvent que l'on ne se moque de moi.
3. Lorsque j'ai un choix à faire, je n'arrive pas à me décider. J'attends que mes parents ou quelqu'un d'autre décide à ma place.
4. Je suis angoissé la veille des contrôles car, même si je suis bien préparé, j'ai l'impression que je ne vais me souvenir de rien.
5. Je n'ose pas entreprendre d'activités nouvelles (sportives, manuelles, artistiques) parce que j'ai peur de ne pas réussir.
6. J'ai l'impression que les autres sont plus forts que moi, plus doués.

7. J'interromps ce que j'ai entrepris avant de l'avoir terminé, n'étant pas certain du résultat.
8. Quand je fais quelque chose, je me demande si c'est ce que les autres attendent de moi.
9. Je dis à mes amis ce qu'ils aiment entendre et non ce que je pense.
10. Je pense que je n'y arrive pas souvent seul.
11. Si un ami a une opinion contraire à la mienne, je crois qu'il a raison.
12. Je supporte mal les critiques, les plaisanteries que l'on me lance, car j'ai l'impression alors de n'être plus aimé.
13. J'aimerais être différent.
14. J'ai l'impression de n'être pas solide quand je me trouve face à une difficulté.
15. Quand je dessine, l'avis des autres sur mon dessin est plus important que le mien.

Compte tes points, sachant que

un « oui » vaut 3 points
un « parfois » vaut 2 points
un « pas souvent » vaut 1 point
un « non » vaut 0 point

Résultats

– Si tu as plus de 30 points, tu doutes de toi et, en raison de ce manque de confiance, tu n'utilises pas toutes tes capacités. Ta peur de l'échec fait que tu n'entreprends que peu de choses nouvelles où tu éprouverais peut-être beaucoup de plaisir et où tu pourrais réussir.

Si tu essayais une fois par semaine d'oublier tes peurs ou tes difficultés et de faire le point sur tes réussites, petites et grandes.

– Si tu as entre 15 et 30 points, les situations nouvelles peuvent te faire douter de toi et te rendre anxieux un moment mais, dès que tu es dans l'action, tu ne te préoccupes plus d'un échec possible, ce qui fait que tu réussis souvent ce que tu entreprends. Tu vis l'échec, le refus, la critique comme une expérience douloureuse mais, avec le temps, tu retrouves la confiance en toi, confiance qui est nécessaire à toute réussite.

– Si tu as moins de 15 points, tu as confiance en toi. Tu es souvent enthousiaste. Ce sont de bons atouts de réussite.

8- Suis-je influencé par des sensations, des souvenirs, des craintes ?

1. Quand j'entre dans une pièce, ce que je remarque d'abord, c'est l'ambiance.
2. Il y a une discipline scolaire où je crois que je ne pourrai pas faire de progrès parce que je ne suis pas doué.
3. J'ai besoin de savoir si je suis ou non sympathique aux autres, même s'ils ne sont pas très importants dans ma vie.
4. Je n'arrive pas facilement à oublier quand on me fait des reproches, des critiques.
5. Les félicitations m'aident à progresser.

6. Quand je me sens tendu, énervé, j'ai du mal à me relaxer.
7. Si l'ambiance dans la classe n'est pas bonne un matin, cela m'empêche de suivre le cours, de comprendre la matière.
8. Un simple sourire le matin, un mot gentil qui m'est dit, et j'ai soudain l'impression qu'il n'y a plus de difficultés ou qu'elles sont moins importantes que je ne le croyais.
9. Quand je suis déçu, je n'arrive pas facilement à l'oublier.
10. Le fait que j'aime un professeur m'aide à mieux travailler.
11. Le passé a beaucoup d'importance pour moi. Je pense souvent à mes réussites ou à mes échecs.
12. Si un ami me fait de la peine, j'ai beaucoup de mal à le lui pardonner, je reste toujours un peu méfiant.

Note chacune des réponses

0 jamais, 1 pas souvent, 2 souvent, 3 toujours

Résultats

– Si tu as 24 points ou plus, tu es d'une sensibilité à fleur de peau. Malheureusement, ce qui pourrait être une grande richesse est le plus souvent un handicap. Combien de fois n'as-tu pas agi à cause d'une peur, d'un souvenir, de la crainte du ridicule ? Fais de la relaxation, du yoga. Apprends à respirer, à te concentrer sur ta respiration qui doit être ample, calme. Apprends à travailler pour toi (pour réaliser un projet, pour passer de classe ou tout simplement pour muscler ton intelligence), ce qui te permettra de réussir même si tes rapports avec un de tes enseignants ne sont pas excellents.

– Si tu as de 12 à 24 points, tu es influencé par des souvenirs, des sensations, des craintes parfois. Fais en sorte que le souvenir d'un échec ne t'empêche pas de réussir.et pour cela analyses les raisons. Apprends à tirer de ta sensibilité toutes les émotions positives, et à acquérir une force intérieure qui ne te laissera pas démuni face aux craintes, aux sensations qui t'envahissent parfois. Pour cela, si tu essayais la relaxation ?

– Si tu as moins de 12 points, tu es dynamique. Tu vis dans le présent, dans l'action. Quand tu subis un échec, tu ne le ressasses pas. Ce n'est pas que tu sois insensible aux autres, mais, si un de tes copains fait la tête, tu ne crois pas aussitôt qu'il t'en veut. Si tu rates un contrôle, tu assumes, puis tu passes à autre chose.

9- Suis-je motivé ?

1. Quand je fais quelque chose, je n'abandonne pas, même si cela me demande des efforts.
2. Je suis capable d'aller jusqu'au bout de ce que j'ai commencé, même si personne n'est derrière moi pour m'encourager.
3. Si mon objectif est éloigné (examen, passage dans une autre classe), je m'organise pour ne pas travailler au dernier moment.
4. Je ne travaille pas entre deux émissions télé. Je ne mets pas des chansons en bruit de fond.
5. Je ne doute pas trop de moi : je sais ce dont je suis capable.
6. Une fois que j'ai pris une décision, je ne me pose plus de question, j'avance.

7. J'accepte mes erreurs et je ne me trouve pas toujours des excuses.
8. Je sais ce que je veux.
9. Mes désirs sont pour la plupart réalisables.
10. Je décide de ce qu'il faut que je fasse pour arriver à mon but.

Résultats

– Si tu as plus de « oui » que de « non », tu es motivé. C'est-à-dire que tu te donnes les moyens de réussir quand tu entreprends quelque chose.

– Tu as autant de « oui » que de « non ». Pose-toi souvent ces questions : « Qu'est-ce que je veux ? Pourquoi ? Que puis-je faire pour y parvenir ?

– Tu as répondu plus souvent « non » que « oui » : tu dois entreprendre des choses réalistes si tu veux réussir. Donne-toi des objectifs précis, imagine toujours ce que tu dois faire pour aboutir. Et récompense-toi quand tu as fait preuve d'attention, de détermination dans un travail.

10- Et l'équilibre ?

1. Je ne pense pas trop souvent à mes problèmes.
2. Je me défends sans m'énerver.

3. Je sais dire non.
4. Je suis bon perdant.
5. J'ai l'impression d'avoir assez de temps pour moi, pour faire ce que j'aime.
6. J'arrive à parler de ce qui ne va pas.
7. Je ne me décourage pas vite.
8. Je m'adapte facilement aux changements (déménagement, nouvelle école, nouvelles activités…).
9. Je ne perds pas souvent patience.
10. Je m'endors sans problème.
11. Je trouve qu'autour de moi (à la maison, l'école…), le bruit est supportable.
12. Je pardonne facilement à mes amis.
13. J'arrive à m'organiser dans mon travail.
14. Je me dis qu'aller à l'école, faire des études, est une chose plutôt positive.
15. Je supporte plutôt bien les reproches que peuvent me faire mes parents.
16. J'ai tendance à voir le bon côté des choses. Je suis optimiste.

Résultats

– Tu as plus de 10 « oui ». Tu as un bon équilibre. C'est-à-dire que ta façon de travailler, de te comporter avec les autres ne provoque pas de stress, de tensions en toi. Tu as ce que l'on appelle une heureuse nature.

– Tu as entre 6 et 10 « oui ». Tu aurais des journées plus agréables si tu savais prendre tes distances avec ce qui n'a pas vraiment d'importance. Tu pourrais apprendre à organiser ton travail afin de gagner du temps pour toi. Quant aux activités extrascolaires, rien de tel pour garder un bon équilibre, encore faut-il bien les choisir pour qu'elles te donnent du plaisir.

– Tu as moins de 6 « oui ». Ta façon de travailler, tes relations avec les autres ne sont pas vraiment satisfaisantes pour toi. Tu es souvent tendu : trop de travail, manque de temps. Peut-être devrais-tu apprendre à être plus léger, à vider ta tête de choses inutiles, à délimiter ton temps de travail. À écouter vraiment les autres.

11- Mon travail est-il efficace ?

1. Quand j'ai une leçon à apprendre, j'essaie avant même de la lire de me souvenir de ce que le professeur a dit, de ce qu'il a écrit au tableau.
2. En rentrant chez moi le soir, je revois dans ma tête les choses essentielles qui ont été étudiées en classe.
3. Lorsque j'apprends un poème, je m'imagine en train de le réciter en classe.
4. Après avoir appris une leçon d'histoire, j'imagine les questions qui pourront m'être posées.

5. Si je révise une leçon pour un contrôle, avant de la relire, je cherche à me rappeler tout ce que je sais.
6. Quand je lis et que je tombe sur un mot que je ne connais pas bien, je cherche son sens dans le dictionnaire ou je le demande à quelqu'un qui le connaît.
7. Quand j'ai un exercice à faire, je ne le commence jamais avant d'en avoir parfaitement compris l'énoncé.
8. Après que le professeur de maths nous a expliqué un exercice en classe, j'imagine aussitôt un autre exercice semblable.
9. Avant un contrôle, j'imagine les questions qui me seront posées, les exercices qui me seront proposés. Je m'assure que je connais ce qui est nécessaire et que je saurai l'utiliser.
10. Quand je n'ai pas bien compris quelque chose, je cherche ce qui me manque pour comprendre et ainsi je pose des questions précises au professeur, à mes parents.
11. Je corrige toujours mes erreurs quand on me rend mes devoirs.
12. Je prends le temps de vérifier mes devoirs avant de les rendre (les calculs, l'orthographe...).

Résultats

– Si tu as répondu « oui » à toutes les affirmations, ton travail scolaire est vraiment efficace.

Autrement, examine les questions auxquelles tu as dit « non » et exerce-toi à faire ce qui y est énoncé. Ainsi (question 1), pour apprendre une leçon, tu vas, avant d'ouvrir ton cahier, ton livre, essayer de te souvenir du cours, de ce que le professeur a montré (photos, cartes, schémas) ou de ce qu'il a écrit au tableau.

Remerciements

La chance ou le destin a placé quatre personnes sur mon chemin de cancre pour m'en détourner.

Tout d'abord Roger Dadoun, mon professeur de philo. Avec lui, j'ai découvert que la pensée existait dans ma tête.

Georges Devereux, mon professeur en Ethnopsychiatrie à l'École des Hautes Études en Sciences sociales. Il m'a ouvert au travail collaboratif et à l'approche transdisciplinaire dans l'étude de l'humain et des sociétés.

Antoine de la Garanderie, pédagogue humaniste et ami des cancres, m'a introduit dans le monde intérieur des images, des mots et des sensations.

Enfin, Varinia Oberto, écrivain et créatrice de scénarios pédagogiques, complice de toujours dans mon travail avec les enfants.

Bibliographie

- CSIKSZENTMIHALYI M., *La Créativité*, Robert Laffont, 2006.
- DELANNOY C., *L'Intelligence peut-elle s'éduquer ?* Hachette Éducation, 1992.
- FLAGEY D., *Mal à penser, mal à être*, Ères, 2002.
- FOSTER J. K., *Memory*, Oxford, 2009.
- GOPNIK A., MELTZOFF A.,KUHL P., *Comment pensent les bébés ?* Le Pommier, 2005.
- JAOUI H., *La créativité*, Éditions Morisset, 1995.
- LA BORDERIE R., *Le métier d'élève*, Hachette Éducation, 1991.
- LUBART T. *Psychologie de la créativité* Armand Colin, 2003.
- MALABOU C. *Que faire de notre cerveau ?* Bayard, 2004.
- MORIN E. ,MOTTA R., CIURANA E.R., *Éduquer pour l'ère planétaire*, Balland, 2003.
- OBERTO V., SOTTO A., *Dénouer l'échec scolaire*, Desclée De Brouwer 2004
- OBERTO V., SOTTO A., *Aidez votre enfant à réussir*, Hachette Éducation, 2006.
- OBERTO V., SOTTO A., *Donner l'envie d'apprendre*, Ixelles Éditions, 2010.
- RIVIÈRE J.P, *Illettrisme*, la France cachée, Gallimard, 2001.
- ROBERT P,. *La Finlande : un modèle pour la France ?* ESF, 2008.
- RODARI G., *Grammaire de l'imagination*, Rue du Monde, 1997.
- VARELA F., *Quel savoir pour l'éthique ?* La Découverte, 2004.
- WILLIAMS L.V., *Deux cerveaux pour apprendre*, Éditions d'Organisation, 1986.

Sites Internet :

- http://www.cafepedagogique.net
- http://lewebpedagogique.com
- http://www.educnet.education.fr
- http://www.cancres.com
- http://www.educavox.fr
- http://www.curiosphere.tv
- http://www.video-maths.fr

Table des matières

Impression et façonnage réalisés en août 2011
par Lannoo (Tielt)

Pour le compte d'Ixelles Publishing SA
Imprimé en Belgique